Walter Sasso

Tsuru Li
Tai Chi Chuan

1ª Edição
Brasil – 2010

Dados Internacionais de Catalogação na Publicação (CIP)
(Câmara Brasileira do Livro, SP, Brasil)

Sasso, Walter
    Tsuru li : tai chi chuan / Walter Sasso. --
São Paulo : Ícone, 2010.

ISBN 978-85-274-1063-2

    1. Exercícios físicos 2. Tai chi chuan
I. Título.

09-09738   CDD-796.83

Índices para catálogo sistemático:

1. Tai chi : Artes marciais : Esportes   796.83

Agradecimentos ao meu mestre senhor Jesus Cristo

Copyright © 2010, Walter Sasso
2010, Ícone Editora Ltda.
Todos os direitos reservados

Projeto Gráfico da Capa e Diagramação: Richard Veiga

Fotos: Raquel Sasso

Ilustrações: Walter Sasso

Revisão: Rosa Maria Cury Cardoso

Proibida a reprodução total ou parcial desta obra, de qualquer forma
ou meio eletrônico, mecânico, inclusive através de processos xerográficos,
sem permissão expressa do editor (Lei nº 9.610/98).

Direitos exclusivos para a Língua Portuguesa cedidos à
ÍCONE EDITORA LTDA.
Rua Anhanguera, 56 – Barra Funda
CEP 01135-000 – São Paulo – SP
Tel./Fax.: (11) 3392-7771
www.iconeeditora.com.br
e-mail: iconevendas@iconeeditora.com.br

Prefácio

Numa certa noite sonhei com um chinês praticando Tai Chi Chuan. Ele usava um traje branco e suavemente movia sua mão para frente. Em dado momento pronunciou uma palavra (que eu entendi como sendo "shu") e silenciou. No outro dia procurei saber o significado de "shu" em chinês e encontrei como tradução a palavra "livro". Fiquei intrigado com o fato e passado alguns dias, dois alunos me solicitaram um livro ou manual de minha autoria para consulta. Desde então, comecei a reunir meus escritos e as informações que já existiam em meu site http://taichicote.atspace.com. A lenda de Tsuru Li foi enriquecida com um conjunto de experiências, informações e sínteses de práticas e convívio. Não há como aprender Tai Chi somente através de um livro. Cabe ao iniciante procurar um professor para supervisionar seu alinhamento e acompanhar seu desenvolvimento. O acompanhamento de uma pessoa qualificada e do consentimento médico é requisito fundamental e de inteira responsabilidade do iniciante. O autor não se responsabiliza por danos de qualquer natureza que possam vir a ser resultantes do acompanhamento das instruções contidas neste livro. Assim como a água sempre desce e procura o melhor caminho para chegar ao mar, estamos diariamente aprimorando nosso Tai Chi independentemente de estilo. Todos os estilos são bons e podem ser adotados. Escolhemos a sequência Yang 37 do mestre Cheng Man Ching por ser compacta e ideal para a vida corrida das grandes cidades. Ter a pretensão de ser fiel a este ou outro estilo acarretaria em grande responsabilidade. Sendo assim, para aqueles que quiserem se aprofundar no estilo Cheng Man Ching sugerimos os livros escritos pelo próprio mestre e por seus discípulos. Nosso objetivo é levar o aluno a viver a experiência de harmonizar o corpo e a mente praticando o Tai Chi para cultivo de si mesmo e da saúde. Mestre Cheng dizia que o praticar é comum, mas o autocultivo, raro. O Tai Chi é a arte do autocultivo e deve ser praticado e aperfeiçoado diariamente por toda a vida. Seu aspecto marcial, que é considerado o fundamento do Tai Chi, também não deve ser esquecido. Praticamos o Tai Chi conscientes e perceptivos, ou seja, quando mencionamos o estado de mente vazia, não estamos nos referindo a um estado de "zumbi", muito pelo contrário, a mente permanece sempre desperta e focada na atividade executada no presente momento. Procuramos resgatar também, o cultivo da intuição perdida pelo homem moderno e a capacidade de ouvir seu extinto natural. Lembro-me de uma história onde os guerreiros que entravam em uma caverna eram abatidos um a um sem que os que vinham atrás percebessem. Um dos guerreiros parou à porta da gruta e relutava em entrar. Algo dizia no seu íntimo para que não entrasse. Este algo eu entendo como sendo a voz do seu coração. Um homem que tem o coração apaziguado e a mente focada no presente momento tem mais condições de tomar uma decisão correta do que aquele cuja mente está turvada por pensamentos e o coração arrebatado por sentimentos. Durante os poucos minutos que nos dedicamos à prática do Tai Chi, nosso sentido, nossa mente e nosso corpo se harmonizam, se integram e são revitalizados. Estamos perceptivos, descansados e melhor preparados para servir a Deus e assim cumprir nossa missão de felicidade.

Walter Sasso

Índice

Tsuru Li, a lenda, 9
Definição do Tai Chi Chuan, 11
Benefícios, 11
A base, 11
O alinhamento, 12
O relaxamento, 14
Os passos, 14
O cheio e o vazio, 14
O movimento, 15
A respiração, 15
A força interna e o centro do corpo, 16
Meditação em pé, 16
A postura abraçar a árvore, 17
O intento, 18
Os olhos, 18
A sensibilidade e a percepção, 19
Lista de posturas da sequência do mestre Cheng Man Ching, 25
Alinhamento básico, 27
Posturas básicas, 29
Posturas auxiliares, 30
Descrição ilustrada e detalhada da sequência do mestre Cheng Man ching, 33
Vídeo no Youtube, 131
Tui Shou (Empurrar as mãos), 133
Dicas e informações sobre o Tai Chi Chuan, 135
Origens do Tai Chi, 135
A lenda de Chang San feng, 135
A base da cultura chinesa (Yin Yang e os cinco elementos), 136
Os estilos de Tai Chi Chuan, 136
Melhor horário para praticar, 137
Antes e após a prática (dicas), 137
Roupas e calçados adequados, 138
Blog Tsuru Li, 139
Sobre o autor, 139
Links relacionados , 139
Livros recomendados, 141
Bibliografia, 141

Tsuru Li, a lenda

O sol despontava no horizonte e ligeiras pinceladas de rosa e amarelo mesclavam o azul do céu. O perfume dos eucaliptos misturado ao ar fresco da manhã era um convite ao parque. Passarinhos se alvoroçavam nas copas das árvores e o chamar dos pássaros ecoava ao longe. Na grama, milhares de pontos de orvalho brilhavam. Passei por debaixo da grande árvore e me detive ali por um instante. Diante do silencioso aconchego do lago agradeci a Deus pelo dom da vida. Mais adiante, meus pés se enraizavam no solo enquanto minha cabeça tocava no topo do céu. As ramagens dançavam ao sussurrar da brisa enquanto eu dava início a mais uma prática de Tai Chi Chuan. Quando terminei, percebi que um jovem me observava atentamente com olhos curiosos e ao pegar o caminho de volta, fui inesperadamente abordado por um "bom dia!!" O rapazinho começou me bombardear de perguntas do tipo, "você é chinês?", "você pratica Kung Fu?" "que estilo é este?" e assim por diante. Procurei ser cortês e responder devagar e por partes. Como todo adolescente, ele procurava alguma novidade para se entreter. Comecei dizendo que meu nome era Moriaki, nasci no Japão e praticava o Tai Chi Chuan. Tinha aprendido esta arte quando tinha mais ou menos a idade dele. Na verdade, eu queria ler meu jornal e tomar uma xícara de chá. Aquele seu ritmo acelerado de perguntas e toda aquela ansiedade e agitação estavam fora do meu contexto. Mas, por um momento, me identifiquei com aquele jovem e reviveu em mim o meu primeiro e curioso contato com o Tai Chi. Depois de ter conversado bastante com ele, me despedi, passei o resto do dia remoendo minhas lembranças e ao cair da tarde, decidi escrevê-las.

O primeiro contato

Tudo aconteceu no Japão e nessa época nós morávamos no campo. Era muito bom pescar e viver próximo à natureza. Foi um tempo que deixou saudades. Lembro-me da alegria da adolescência, o sol nascendo e a mixagem dos sons dos pássaros acrescentados aos odores da floresta e das flores. Numa daquelas manhãs estávamos em um pequeno grupo e resolvemos fazer uma caminhada pela mata em direção ao ribeiro. Caminhamos cerca de 20 minutos pela floresta ouvindo o canto dos pássaros e encontramos a nascente de água que dava origem ao ribeiro. Do outro lado havia uma clareira e bem ao fundo podia se avistar um monte de rochas que a natureza caprichosamente tinha amontoado. De repente, paramos de conversar e ficamos como que pasmados com o que víamos. Havia ali um homem misterioso, vestido com um traje brilhante, que se movimentava de um lado para o outro silenciosamente. Foi ali que eu vi pela primeira vez alguém praticando o Tai Chi Chuan. Era um chinês vestido com seu traje de seda branco cujas mangas quase ocultavam as mãos. Seus movimentos eram precisos, suaves e contínuos. Eu pensava se seria algum ator de teatro ou de circo, um mago ou quem sabe um sacerdote celebrando um ritual. Ele parecia um pássaro e suas mangas pareciam duas asas. Eu o chamei de "Tsuru" (grou). O tsuru, como é chamado no Japão é uma ave que costuma executar uma dança sincronizada muito bonita na época do acasalamento. O chinês era um homem envelhecido, rústico, calvo, magro e de estatura acima da média. Sua barba e seus bigodes eram longos, brancos e desciam até o peito. No rosto se viam as marcas deixadas pelo tempo e pelo sol. Suas costas eram retas e davam certo ar elegante ao seu porte. Depois, voltamos outras vezes para espiá-lo e ele parecia não se importar com a nossa curiosidade. Nada abalava sua concentração e atenção. Fiquei intrigado com aquele misterioso personagem e com o passar dos dias nasceu o desejo de conversar com ele. Numa determinada manhã, esperei que terminasse seu treinamento, tomei coragem e me aproximei dele. Inclinei várias vezes minha cabeça para reverenciá-lo enquanto dizia, "bonita esta sua vestimenta". "Ela é da China?" Ele, sempre sério e compenetrado, respondeu com a cabeça que sim e começou a enrolar sua túnica para guardá-la. Disse-me que o que eu havia presenciado era um treinamento marcial. Comecei dizendo que admirava sua técnica e gostaria de aprender aquela arte. Ele silenciou pensativo por alguns instantes e por fim, disse: "Praticar o Taijiquan é como viajar por uma longa e velha trilha. Para quem tem pressa de chegar, um atalho é o melhor caminho!". Fiquei pensando naquelas palavras, me distraí e ele se retirou. Procurei saber quem ele era e onde morava e me informaram se tratar de um eremita andarilho que vivia sozinho numa choupana. Seu nome era Li.

O Tai Chi Chuan

Na manhã seguinte retornei e fiquei esperando o momento oportuno para abordá-lo. Para sorte minha, ele parecia me tolerar e naquela manhã deu-me um pouco mais de atenção. Explicou que o Tai Chi Chuan não tinha fim e que praticá-lo era uma experiência ou estado de chegar sem chegar. Alguns aprendizes perseveravam na estrada e levavam os segredos do seu mestre e outros encontravam o fim da estrada e não levavam nada. Estas palavras me pareceram obscuras a principio e só vim a compreendê-las mais tarde. Entendi que deveria perseverar sem me preocupar em atingir resultados e que estes chegariam no tempo certo. Tsuru Li comparava o aprendizado do Tai Chi com uma velha estrada onde aquele que gosta de viajar encontra mais prazer e recompensa do que aquele que simplesmente quer chegar. Na verdade, não há um resultado final no Tai Chi e sim benefícios que vão se acumulando conforme avançamos. Os benefícios são inúmeros, e traduzidos em palavras destacaríamos o equilíbrio, vitalidade, energia, controle emocional, concentração, memória, relaxamento das tensões, coordenação, fortalecimento das juntas, tendões e a revitalização dos órgãos internos. Trata-se de um exercício físico e mental que integra o ser como um todo e pode ser praticado por qualquer pessoa, em qualquer idade, independente de sexo, filosofia ou religião. Quando praticamos o Tai Chi estamos em contato com nós mesmos, nossa essência. Conhecer a si mesmo é evoluir e dignificar a espécie humana, amar, compreender e tolerar o próximo.

A base

No outro dia, para minha surpresa, ele apontou para uma árvore e disse, "você precisa criar raízes nos pés!" Eu deveria arraigar meus artelhos e procurar sugar a força de atração da terra por um ponto central, logo abaixo da almofada dos pés. O treino da base consistia em apoiar o peso do corpo em uma só perna, flexionar o joelho e ir abaixando-o gradualmente. Comecei treinando o equilíbrio com os olhos vendados e apoiando um pé de cada vez no solo. Fiquei muito satisfeito pelos ensinamentos e ofereci alguns poucos Ienes que eu tinha no bolso. Ele recusou e sugeriu que na próxima vez eu trouxesse um pouco de arroz e chá. Tsuru Li conhecia muitas raízes e se alimentava delas. Não comia nenhum tipo de carne e tinha a força de um touro. No final de cada treino ele me dava um pequeno empurrão para avaliar meu progresso e eu caia. Sempre me admoestava para que continuasse treinando e que relaxasse minha cintura. Naqueles dias eu treinava quase o dia todo e depois pedia aos amigos que me empurrassem para testar minha base. Por fim, consegui me alinhar, soltar meu corpo e distribuir meu peso corretamente. Resisti aos empurrões e passei de lição. Sempre pedíamos a ele que executasse a sequência do Tai Chi para admirarmos a leveza de seus movimentos, sua desenvoltura, o domínio e controle de si mesmo, a concentração e coordenação precisas. Isto sempre acalentava minha vontade e me dava ânimo para continuar treinando e aprendendo.

O alinhamento

Lembro-me de certa manhã de céu azul e límpido em que fui convidado para acompanhá-lo numa escalada por uma trilha estreita até o topo de uma pedra. Durante o trajeto eu cantarolava e falava sozinho. À medida que subíamos, o caminho ia se tornando cada vez mais íngreme. Tsuru Li ia à frente e virando-se para trás me repreendeu dizendo: "Seja seus pés!" Advertiu-me para que respirasse pelo nariz, não falasse e pusesse o meu sentido nos pés. Conforme subíamos, só se ouvia o som dos nossos passos e o nosso respirar. Estes pareciam amplificados. Quando dei por mim já estávamos andando no topo da pedra. Lá em cima ouvíamos o leve sussurrar de uma brisa como se Deus respirasse sobre nós. O sol do meio da manhã tinha aquecido a rocha e o calor irradiava sob a sola dos nossos pés. A vista era belíssima. Quando falei sobre a beleza daquela vista, ele pediu silêncio. Disse que deveríamos deixar que a beleza falasse por si. "Precisamos de silêncio para ouvir o som de uma flauta e sentir sua beleza no coração. Assim, também, quando olhamos uma paisagem precisamos acalmar nossa mente e deixar que a voz silenciosa da paisagem ocupe nosso ser." Depois do silêncio ocupado pela contemplação da vista, pediu-me que olhasse diretamente para o horizonte e memorizasse a postura correta da cabeça e do pescoço. A nuca deve permanecer reta e relaxada. A cabeça toca o céu e o restante do corpo é puxado para baixo pela força da gravidade. Deu exemplo do raio como resultante do encontro das duas forças, do céu e da terra e mencionou o exemplo da planta que busca a força do céu e da terra, na medida certa, para crescer e fortalecer-se. Na natureza não existe o desperdício e tudo é aproveitado. A planta preserva o princípio do equilíbrio e o equilíbrio, em contrapartida, preserva a espécie da planta. Além disso, aprendi que a boca permanece quase fechada e a ponta da língua toca levemente o palato superior (primeira parte do céu da boca, logo atrás dos dentes incisivos). Este procedimento evita que as correntes bio-elétricas (conhecidas na medicina chinesa e acupuntura por "Chi") que correm pelo nosso corpo se acumulem na cabeça e provoquem enxaquecas. Meu peito ficava sempre estufado e segundo ele, isto enfraquecia minha base e me deixava sem equilíbrio. Tive que aprender a deixar meu peito plano e as costas retas.

Outros pontos sobre alinhamento:

- Ao girar a cintura, os ombros acompanham e ficam sempre alinhados com as ilhargas. O nariz fica sempre alinhado com o umbigo.
- Os braços ficam ligeiramente separados do corpo (como se um punho estivesse encaixado debaixo de cada axila).
- Os cotovelos permanecem pendendo para baixo e apontam para o solo (esta postura relaxa os ombros e melhora o fluxo na nuca). Os cotovelos não se abrem e nem fecham radicalmente. Eles ficam arredondados e permanecem abaixo da linha dos ombros.
- Os joelhos ficam ligeiramente flexionados e quando se dobram não ultrapassam a linha das pontas dos pés. O joelho deve estar sempre na direção do dedo maior do pé e se movimentar somente para frente e para trás (nunca para as laterais).

O relaxamento

Também explicou a importância de estar relaxado e de permitir que as juntas do corpo se abram. Este procedimento favorece o alargamento dos canais por onde correm as correntes bioelétricas no nosso corpo. Quando eu atingisse um grau de relaxamento avançado e sentisse meu corpo vazio, leve e transparente, haveria grande progresso no meu Tai Chi. A cintura deve ficar solta, o abdome relaxado e os cotovelos e as nádegas pendendo sob o efeito da gravidade.

Os passos e as direções

Depois da base vieram os ensinamentos sobre os passos e as direções. Neste dia, ele pegou uma pedra, riscou o solo onde eu deveria treinar e pouco a pouco foram surgindo oito linhas que saíam de um ponto central. As extremidades representavam as direções, Norte, Nordeste, Noroeste, Sul, Sudeste, Sudoeste, Leste e Oeste. Pediu que me posicionasse ao centro com a face voltada para o Norte e começou a me ensinar a dar os passos para frente, para trás, e para as oito direções. Na maior parte das posturas, os pés terminam formando um ângulo de 45° entre si. O passo é semelhante ao do gato, ou seja, prudente, leve e silencioso. Nasce na cintura, toca o chão primeiro pelo calcanhar e se estende pelo solo recebendo o peso do corpo pelo meio do pé. O passo lateral e para trás é feito levantando-se o calcanhar e tocando o solo primeiro pela ponta do pé.

O cheio e o vazio

Este treinamento eu executava carregando duas taças, uma em cada mão. Disse-me que a taça da mão esquerda, simbolizava a perna esquerda e a taça da mão direita, a perna direita. A água representava o peso do corpo que era distribuído sobre elas. Conforme eu dava os passos e transferia o peso de uma perna para a outra, simultaneamente, tinha que transpor também a água de uma taça para outra. No Tai Chi existe uma alternância ininterrupta de peso entre as pernas. Quando uma está cheia (suportando o peso do corpo), a outra fica vazia e assim por diante. O duplo peso é considerado um erro na execução do Tai Chi.

O movimento

O movimento deve ser total e integrado, ou seja, intenção, cabeça, tronco e membros unidos em um só bloco. Para que eu compreendesse melhor este ponto, recebi a tarefa de mover um tronco oco de um lado para outro. O tronco era colocado deitado ao meu lado no solo e eu tinha que agarrá-lo com as mãos, braços, pernas e pés e girando meu corpo sobre as costas, como um cilindro, devia transportá-lo para o outro lado. O movimento do Tai Chi é único, homogêneo, constante, ininterrupto e redondo. Quando um membro se move, todo o corpo se move. Não há faltas, nem excessos, tanto na sua altura quanto na sua extensão.

A respiração

Uma vez fui convidado para acompanhá-lo à aldeia onde havia um conhecido seu que era artesão e que fazia toda sorte de utensílios. Este artesão tinha um netinho ainda bebê que dormia tranquilamente nos braços de sua filha. Chegamos mais perto do neném e Tsuru Li me mostrou a verdadeira e correta respiração, a respiração abdominal do bebê. A barriga do neném se expandia e se contraía conforme ele inspirava e expirava. Depois que saímos, ele pegou uma varinha de bambu e colocou-a sobre o meu umbigo. Pediu que eu inspirasse e fizesse a varinha subir pela expansão do meu abdome e depois expirasse fazendo-a descer. A respiração do bebê ou respiração abdominal é a respiração padrão do Tai Chi. Trata-se de inspirar e naturalmente expandir o abdome juntamente com os pulmões e expirar contraindo-os. Esta respiração melhora nossa capacidade de oxigenação e acalma a mente. O abdome deve estar sempre relaxado e a respiração deve ser calma, profunda, fina e solta. Não devemos prender a respiração e nem endurecer o abdome. Algumas pessoas têm dificuldade em respirar somente pelo nariz e então naturalmente compensam esta dificuldade respirando pela boca. Não podemos nos esquecer de que fazer esforço físico com o abdome cheio de ar pode acarretar o aparecimento de hérnias e hemorroidas. O esforço deve ser feito sempre após a exaustão do ar e junto com a contração do abdome. Ao atingirmos um estágio mais avançado na prática do Tai Chi, quando os movimentos fluírem ininterruptamente, poderemos sincronizar a respiração com o movimento, mas com cautela. Ao tentarmos forçar um padrão de respiração curto ou longo, "não natural", poderemos prejudicar nosso Tai Chi e a saúde.

A força interna e o centro do corpo

Falou também sobre a força interna (energia ou bio-eletricidade) que habita em nós e dá vida a todos os seres. Quando esta força se enfraquece vem a doença e a morte. Perguntei como poderia conservar esta força e armazená-la e ele me respondeu que deveria primeiro reger meu coração de modo a apaziguar meus sentimentos de alegria, tristeza, ódio, vingança e desespero. Evitar gritarias e excessos com bebidas, alimentação e sexo. Ainda na velhice, procurar manter uma atividade física e mental moderada a fim de revitalizar e não estagnar a energia. A força interna é armazenada no centro do corpo (baixo ventre) num ponto interno localizado a três dedos abaixo do umbigo. Este local, também chamado de "Mar de energia", ou "Campo do elixir", corresponde na acupuntura ao 6º ponto do meridiano Ren.

A meditação em pé

Numa outra tarde, estávamos debaixo de uma grande árvore quando ele me disse que se eu quisesse praticar o Tai Chi e não ser um "galho seco", teria que aprender a ver, ouvir e sentir. Em seguida, apontou para a velha árvore e disse, "Esta velha árvore está sempre no mesmo lugar e embora pareça se tratar da mesma árvore, na verdade, o que está ali é uma nova árvore". Ela se modificou de ontem para hoje e está se renovando e se modificando a cada minuto. A árvore só permanece a mesma na nossa memória. Nossa mente está cheia de ilusões e imagens mortas. Não confie na sua mente, confie no seu coração e procure enxergar e ouvir por ele. Depois disto, me ensinou a abandonar os pensamentos antes de praticar os movimentos do Tai Chi e esperar até que a mente se apresente límpida e tranquila. A meditação é um esvaziamento dos pensamentos e uma preparação para que possamos nos concentrar no momento presente. Meditar é semelhante a um homem que sentado à beira do rio observa a paisagem e as águas passando sem parar. Se ele se levantar para seguir uma folha ou um galho que passa arrastado pela correnteza, ele perde a contemplação da paisagem como um todo. Assim, quando meditamos, observamos os pensamentos surgindo e desaparecendo sem parar e não nos apegamos a nenhum deles, por mais atrativos e interessantes que sejam. Somente observamos sua passagem. Se algum pensamento quebrar nossa concentração, devemos retornar para o nosso foco inicial. O foco, neste caso, pode ser o ato de respirar (encher e esvaziar o abdome) e o centro do corpo (baixo-abdome).

Postura de meditação em pé (abraçar a árvore):

- Cabeça reta e nuca levemente esticada.
- Peso igualmente distribuído nos dois pés. Estes devem estar paralelos como dois trilhos e separados entre si na medida entre ombros.
- Os joelhos devem estar soltos e um pouco flexionados.
- Os cotovelos ficam pendendo em direção ao solo, abaixo do nível dos ombros.
- Os braços se afastam um pouquinho do corpo (como se houvesse um punho abaixo de cada axila).
- As palmas das mãos ficam de frente para os mamilos e parecem estar segurando um cesto oval junto ao corpo.
- O peito permanece levemente afundado.
- A cintura fica solta e as nádegas pendem sob o efeito da gravidade.
- As pálpebras devem quase fechar e permanecem relaxadas.
- A ponta da língua pressiona levemente o palato superior, logo atrás dos dentes incisivos.
- O sentido deve estar focado na respiração abdominal e no baixo ventre (centro do corpo).

As posturas

Tsuru Li explicava, metódica e profundamente, cada execução postural abrangendo o aspecto marcial e a razão de ser de cada postura. O aspecto marcial define o intento, que por sua vez, constitui a alma do Tai Chi. Sem ele o movimento seria vazio e sem sentido. Meu treino era feito imerso em folhas secas até acima dos joelhos e isto me obrigava a usar sempre a cintura para iniciar o movimento. Ele me advertia para não provocar ruído excessivo com as folhas e utilizar sempre a mente ao invés da força física. O movimento dever ser macio, lento, suave e relaxado.

O intento

A mente deve estar serena e os pensamentos apaziguados. O intento nasce na mente e produz estímulos nervosos que executam cada mínima ação. Pode ser comparado a uma locomotiva puxando os olhos e o corpo através das posturas que se sucedem uma após a outra. Tsuru Li insistia para que eu me concentrasse e tivesse uma maior imersão no momento presente. Se eu praticasse todo dia e somente recordasse o que havia me ensinado, minha prática seria tal como retirar um velho livro do baú, ler, recitar e guardar novamente. Para poder nascer o novo Tai Chi, o velho teria que morrer primeiro. A mente direciona o intento e este, por sua vez, movimenta o corpo e a bioeletricidade. Isto é bem diferente de simplesmente decorar os nomes (rótulos) das posturas e executá-las mecanicamente. O movimento deve ser sempre vivenciado conscientemente, por menor que seja.

Os olhos

Os olhos seguem o intento, acompanham as mãos e quando se posicionam na linha do horizonte dão lugar à visão periférica. A visão periférica substitui a visão focada sempre que necessário. Para testarmos nossa visão periférica devemos fixar os olhos em um determinado ponto ou objeto e sem mexer os olhos, tentar descrever os arredores.

A sensibilidade e a percepção

A sensibilidade e a percepção crescem com os anos de prática e podem ser desenvolvidas praticando o movimento do Tai Chi e sentindo o atrito dos nossos membros de encontro ao ar que nos rodeia. No início, o ar que é empurrado por nossas mãos parece leve como algodão e com o passar dos anos vai sendo sentido cada vez mais denso.

O empurrar as mãos

Depois de praticar as posturas, nós praticávamos diariamente o treino chamado "Empurrar as mãos". Lembro-me de que quando eu o empurrava, parecia estar pressionando uma bolsa de água morna. De repente, do meio daquela aparente maciez, surgiam forças que me derrubavam. Nesta prática desenvolvi minha capacidade de aderir ao oponente, sentir e interpretar sua força, ceder, neutralizar e agir no momento certo.

O pássaro ferido

Tsuru Li tinha a intuição e percepção muito desenvolvidas. Às vezes, ele mesmo vestia um capuz, vendava seus olhos e com as mãos limpas, me incitava a atacá-lo com o bastão. Depois do embate, o bastão sempre acabava em suas mãos. Falava sempre de como os nossos sentidos nos cegam e nos limitam numa realidade menor. Certo dia, nós andávamos pela floresta quando ele repentinamente parou e ficou imóvel. Então, como do nada, surgiu um pássaro ferido que voava baixo e não conseguia subir além das copas das árvores. De um só golpe, ele agarrou o pássaro no ar e depois de tratar seus ferimentos com uma pasta de folhas maceradas, soltou-o. Seu cuidado e integração com a natureza faziam parte da lição de vida que ele silenciosamente ministrava. Por onde passava deixava tudo em perfeita ordem. Costumava cobrir de terra ou plantar as raízes que encontrava fora da terra e tinha uma atenção especial para com a água. Só usava a porção necessária. Suas águas, quando sujas ou descartadas, eram sempre despejadas na terra ou num buraco para que fossem filtradas pelas camadas de terra.

Nunca lançava nada ao ribeiro. Das águas do ribeiro dependia não só a sua vida, mas também as demais vidas da floresta. Tinha um respeito muito grande para com os animais e seres vivos. Ao ver um inseto carregando uma folha ou uma presa, tomava todo o cuidado para não interromper seu trabalho. Era contrário a escravidão e a matança de animais. Os animais amam a liberdade como nós e também sentem dor, frio, calor, fome e medo. Cada espécie detém sua honra e sua porção de sabedoria, assim como o homem.

O reflexo no lago

Numa tarde fizemos um inesquecível passeio de barco pelo lago. O sol se declinava enquanto eu remava atrás, na popa e ele ia sentado à frente. Não havia vento nem brisa e só ouvíamos o bater suave do remo na água e o alvoroço de alguns pássaros no topo das árvores. O lago parecia um grande espelho, tal era sua tranquilidade. Mais adiante, havia uma enseada coberta por uma árvore de folhas avermelhadas e fazia uma grande sombra. Quando chegamos mais perto ele fez sinal para que eu retirasse o remo da água e deixasse o barco deslizar silenciosamente. Num dado momento, Tsuru Li apontou para a água e perguntou, quase sussurrando, o que eu via ali. Respondi que a água estava escura e que só conseguia ver o meu reflexo na superfície. Ele apontou novamente e disse bem baixinho: "Lá no fundo!" Procurei olhar através da água turva do lago e à medida que meus olhos iam se acostumando com a luz e com a tonalidade da água, mais detalhes começavam a surgir. Comecei a ver peixes que se movimentavam no fundo e fiquei surpreso. Quis falar, mas ele pediu silêncio e me deu o remo para que endireitasse o barco e remasse de volta. Não mais conversamos até que chegamos à sua cabana. Quando ia me despedir, ele interrompeu o silêncio e me convidou para o chá. Ao terminarmos, eu ainda segurava minha taça de chá vazia entre os dedos, quando ele me questionou sobre o que eu via no fundo daquela taça de chá. "Uma flor!" Respondi. O que ele replicou, "Não, não é uma flor!". "Na verdade, é só uma imagem pintada de uma flor, assim como sua imagem refletida lá no lago". Então, começou a me explicar que quando olhamos algo, primeiro enxergamos a nós mesmos e a bagagem que carregamos. Quando olhamos as pessoas e o mundo em nosso redor o que vemos primeiro é o nosso reflexo, o nosso julgamento, nossos medos, nossos defeitos, nossas qualidades, nossos desejos, pensamentos, lembranças e experiências passadas. Se eu quisesse ver a realidade e admirar os peixes coloridos teria que olhar direta e profundamente e transpassar os reflexos das minhas imagens. Não acredite no que você ouve ou vê e nem confie nos seus julgamentos. Aprenda a ouvir seu coração. Exercite isto e espere sempre pelo inesperado. A Cada minuto tudo se modifica.

O doce

Esta foi minha última lembrança dele. Logo após aqueles dias, me mudei para a cidade e nunca mais o vi. Passados alguns anos, estava andando por uma rua quando fui atraído por alguns doces e comprei-os. Mordi um pedaço e em seguida dei outra mordida e comecei a mastigar automaticamente. De repente, senti algo estranho e vivo que se movimentava dentro da minha boca e cuspi. Olhei para o chão procurando encontrar o motivo do meu desconforto e descobri alguns vermes brancos que se contraíam e se ondulavam no meio daquela pasta de doce e saliva. Naquele incidente, comecei a meditar no ocorrido e compreendi as palavras de Tsuru Li. Os vermes estavam ocultos atrás da irresistível e falsa imagem que eu mesmo projetei naquele doce. Na minha mente ele se fez delicioso e atraente. Creio que todas as nossas imagens nos traem a todo o momento, sem que percebamos. Entendi, também, o porquê dele dizer que o Tai Chi Chuan que pensamos possuir é morto. Os pensamentos são como nuvens e quando o céu permanece muitos dias encoberto, nos acostumamos com o mundo cinzento. A realidade e a verdade estão lá, atrás do cenário e do palco construídos pela nossa mente. O verdadeiro Tai Chi é uma experiência viva e diferente a cada manhã e com o passar dos anos, praticante e prática se fundem e nasce o ato. Cada ser vivencia suas próprias experiências e estas são intransferíveis. Por isso, dizia o sábio: "Aquele que sabe, não fala".

O passado de Li

Sobre o passado do mestre Li, soube que sua mãe era chinesa, seu pai um militar japonês em missão na Manchúria e seu avô materno um hábil boxeador e praticante de artes marciais na China. Depois da morte de seu pai, sua tia convidou-o para morar e trabalhar no Japão. Havia um negociante, antigo amigo de infância de seu pai, que procurava um jovem responsável para ajudá-lo nos negócios. Li se mudou para o Japão, logo aprendeu o japonês e depois de alguns anos de trabalho, seu caráter ético e disciplinado fez dele um competente capataz e homem de confiança de seu patrão. Nesta época, ele se casou com uma jovem japonesa e esta ficou gestante. Tudo ia bem até que o crescimento material de seu patrão e o monopólio de certos negócios suscitou a inveja de alguns homens poderosos e também perigosos. Estes começaram a fazer ameaças e atentados. Certo dia, homens mal-encarados invadiram o estabelecimento onde Li e seu patrão estavam e começaram a destruir tudo. Li e alguns empregados reagiram à depredação e feriram alguns homens. Um dos homens feridos por Li era filho de um homem perigoso e acabou falecendo. Desde então, a vida de Li e de sua esposa corriam perigo e um plano de vingança estava em andamento. Devido aos atentados e aos últimos acontecimentos, Li achou prudente que sua esposa fosse passar alguns dias com os pais julgando que junto deles ela estaria segura. Porém, tanto ela quanto Li estavam sendo seguidos e numa certa noite a casa de seu sogro foi invadida e mataram a todos. Atearam fogo na casa e fugiram. O coração de Li parecia ter sido arrancado, tal foi o impacto daquela tragédia. Ele sofreu e chorou amargamente a maior perda da sua vida. Logo depois daqueles dias chegaram seus primos da China. Estes eram exímios boxeadores e juntos com Li foram procurar os responsáveis pelo ocorrido. Li e seus primos desencadearam uma sucessão de ataques e contra-ataques que acabaram resultando em mais mortes e na prisão de seus primos. O patrão de Li temendo por represálias tentou fazer um acordo de paz com seus inimigos e também despediu Li de seu cargo aconselhando-o a voltar para a China. Para piorar a situação, eles exigiam, antes de qualquer discussão sobre paz, que primeiro fosse entregue Li, o boxeador chinês. Li ficou sabendo que pretendiam matá-lo e fugiu. Foi perseguido por mercenários e para escapar com vida precisou permanecer escondido dentro de um fosso quase um dia e uma noite. No outro dia, saiu perambulando sem rumo pela floresta até que chegou à beira do ribeiro. Ali saciou sua sede e vencido pelo cansaço adormeceu. Teve pesadelos e tremores. Sonhou que lutava com um homem fera, metade homem, metade tigre. Quanto mais Li o golpeava e o derrubava, mais forte ele se levantava e voltava a atacá-lo. Esta luta parecia interminável até que a besta-fera cravando as garras no pescoço de Li e arrastando-o para a beira do precipício se preparava para dar o golpe final. Naquele instante, ele aceitara a morte e a superioridade de seu adversário e entregava seu corpo, como um boneco de pano sem vida e sem resistência. A fera sentindo que o corpo de Li já desfalecia e pesava, curvando-se sobre ele, tentava apoiá-lo numa pedra para matá-lo. De repente, Li consegue encaixar suas pernas e pés no ventre da fera e impulsionando-as como uma mola, lança o homem tigre pelo precipício abaixo. O grito da fera caindo contrastava com o choro de uma criança que agora ecoava pela montanha. Ao levantar-se daquela situação de morte, ele encontra um menino de colo abandonado. Li tentava cruzar as águas de um rio caudaloso, trazendo a criança nos braços, quando acordou com um banho de água fria que escorria pelo seu corpo. Ao abrir seus olhos percebeu um ancião de cabelos brancos que o cutucava com um bastão. Este encontro iria mudar sua vida. Mamoru, como era chamado, era um bondoso e solitário sábio que não se conformava com a vaidade e superficialidade da cidade e preferia a rudeza e simplicidade da vida na floresta. Era possuidor de uma mente viva e perspicaz e gostava de propor e resolver enigmas. Ele perseverava em cultivar a paz interior, a verdade e a pureza. Foi ele que ajudou Li a conhecer-se a si mesmo e superar seus sentimentos de vingança. Mamoru dizia que a raiva, o ódio e a mágoa apodreciam o espírito e por isso perseverava em manter seu espírito sempre puro e reto. Segundo ele, para um homem encontrar a liberdade absoluta precisaria vencer os sete labirintos que aprisionam sua existência: o apego, o desejo, a vaidade, o ódio, o egoísmo, o orgulho e o medo. Depois de alguns anos, Mamoru morreu e Li herdou seus ensinamentos, suas poucas panelas e sua velha choupana. Sobre os inimigos de Li, dizem que foram até a China procurá-lo entre seus parentes chineses e estes disseram que ele havia falecido. Na verdade, um primo seu, que também se chamava Li, havia morrido naqueles dias. Mesmo depois da morte de seus inimigos, Li continuou vivendo sozinho e andando pelos montes. Às vezes ele desaparecia por um tempo e depois ressurgia em algum lugar. Por fim, desapareceu, não foi mais visto e nunca mais se ouviu falar dele. Sua aparência rude e simples ocultava sua verdadeira riqueza. Assim como a ostra que na sua rudez e simplicidade esconde uma pérola, ele guardava sua pureza interior e sabedoria. No isolamento ele encontrou seu destino e no íntimo, lutou e venceu sua maior batalha.

No outro dia, voltei ao parque para praticar e lá estava novamente o rapaz me espiando. Desta vez, ele resolveu não só olhar, mas também acompanhar e imitar meus movimentos. Quando terminei, chamei-o e apontando para uma árvore, disse: "Você precisa criar raízes nos pés!"

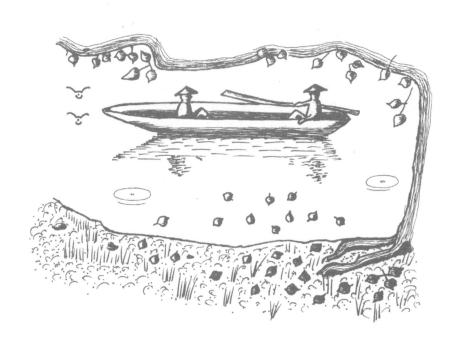

Sequência Yang 37 do mestre Cheng Man Ching

Esta lista de movimentos foi extraída do sistema Yang Tradicional por um discípulo do Mestre Yang Cheng Fu (criador do estilo Yang atual) chamado Cheng Man Ching (1902-1975). Mestre Cheng foi chamado de Mestre das 5 excelências por ter se destacado na medicina, poesia, caligrafia, pintura e nas artes marciais. Seu estilo se tornou muito popular nos EUA e é caracterizado pelo relaxamento, leveza dos movimentos e pelo continuo transferir do momentum de uma postura para outra. Ao golpear suavemente com as palmas, os pulsos não se dobram e as mãos permanecem relaxadas e alinhadas com os antebraços. Esta forma é compacta, demanda pouco tempo de execução e pode ser repetida. As 37 posturas mais as repetições resultaram nesta lista de 41 posturas.

Parte - I

1. Preparação (N)
2. Início (N)
3. Agarrar a cauda do pássaro
3.1. Aparar à esquerda (N)
3.2. Aparar à direita (L)
3.3. Rolar para trás (NO)
3.4. Pressionar (L)
3.5. Recuar, empurrar (L)
4. Chicote simples (SO)
5. Elevar as mãos (N)
6. Golpear com o ombro (N)
7. Cegonha abre as asas (O)
8. Escovar o joelho, esquerda (sem torcer o passo) (O)
9. Tocar o alaúde (O)
10. Escovar o joelho e torcer o passo, esquerda (O)
11. Dar o passo, desviar e socar (O)
12. Aparente encerramento (O)
13. Mãos cruzadas (N)

Parte - II

14. Abraçar o tigre, retornar para a montanha (SE)
15. Agarrar a cauda do pássaro
15.1. Aparar à direita (SE)
15.2. Rolar para trás (NO)
15.3. Pressionar (SE)
15.4. Recuar, Empurrar (SE)
16. Chicote simples em diagonal (NO)
17. Punho sob o cotovelo (O)
18. Repelir o macaco (3 vezes)
18.1. Repelir o macaco, direita (O)
18.2. Repelir o macaco, esquerda (O)
18.3. Repelir o macaco, direita (O)
19. Voo inclinado (NE)
20. Mãos em nuvens (5 vezes)
20.1. Mãos em nuvens, esquerda (O)
20.2. Mãos em nuvens, direita (L)
20.3. Mãos em nuvens, esquerda (O)
20.4. Mãos em nuvens, direita (L)
20.5. Mãos em nuvens, esquerda (O)
21. Chicote simples (SO)
22. Serpente desce rastejando (SO)
23. Galo dourado em uma perna (direita, esquerda)
23.1. Galo dourado em uma perna, direita (O)
23.2. Galo dourado em uma perna, esquerda (O)
24. Pé separado (direito, esquerdo)
24.1. Pé separado, direito (O)
24.2. Pé separado, esquerdo (O)
25. Girar 180°, Chute com a sola do pé, esquerda (L)
26. Escovar o joelho e torcer o passo
26.1. Escovar o joelho e torcer o passo, esquerda (L)
26.2. Escovar o joelho e torcer o passo, direita (L)
27. Avançar, plantar o punho e torcer o passo (L)
28. Agarrar a cauda do pássaro
28.1. Aparar à direita (L)
28.2. Rolar para trás (NO)

28.3. Pressionar (L)
28.4. Recuar, empurrar (L)
29. Chicote simples (SO)
30. Donzela trabalha na tecelagem (nos 4 cantos)
30.1. Donzela trabalha na tecelagem, esquerda (NE)
30.2. Donzela trabalha na tecelagem, direita (NO)
30.3. Donzela trabalha na tecelagem, esquerda (SO)
30.4. Donzela trabalha na tecelagem, direita (SE)
31. Agarrar a cauda do pássaro
31.1. Aparar à esquerda (N)
31.2. Aparar à direita (L)
31.3. Rolar para trás (NO)
31.4. Pressionar (L)
31.5. Recuar, empurrar (L)
32. Chicote simples (SO)
33. Serpente desce rastejando (SO)
34. Avançar e fixar sete estrelas (O)
35. Recuar para montar o tigre (O)
36. Girar 360° e chutar em lótus (O)
37. Atirar no tigre com o arco curvo (O)
38. Dar o passo, desviar e socar (O)
39. Aparente encerramento (O)
40. Mãos cruzadas (N)
41. Encerramento (N)
Direções: (N) = Norte, (S) = Sul, (L) = Leste, (O) = Oeste, (NO) = Noroeste, (NE) = Nordeste, (SO) = Sudoeste, (SE) = Sudeste.

Alinhamento básico

- A Cabeça e a nuca ficam retas.
- A Boca deve estar relaxadamente fechada e a língua tocando de leve no palato superior.
- Os Cotovelos ficam arredondados e pendem sob o efeito da gravidade. Os cotovelos permanecem sempre abaixo da linha dos ombros.
- Os Ombros ficam relaxados e alinhados com as ilhargas.
- Os Braços ficam ligeiramente afastados do corpo como se um punho fosse encaixado embaixo de cada axila.

- As Costas permanecem retas ou ligeiramente curvas.
- Os Joelhos estão sempre soltos e levemente flexionados (quando os joelhos se dobram, avançam somente até a linha da ponta dos pés).
- A Cintura fica solta e as nádegas pendem para baixo sob o efeito da gravidade.
- O Peito permanece plano ou levemente afundado.
- Os Artelhos se arraigam no solo e o pé fica ligeiramente contraído para um ponto interno e central (fonte borbulhante), logo abaixo da almofada frontal do pé.
- As Mãos permanecem alinhadas com os pulsos e antebraços e as palmas tomam a forma de pratos rasos. Os dedos ficam ligeiramente afastados uns dos outros.
- A Cabeça gira junto com a cintura e o nariz fica sempre alinhado com o umbigo.
- Devemos observar a alternância entre cheio e vazio (Yin e Yang) das pernas e evitar o duplo peso (peso simultâneo em ambas as pernas).
- O movimento do Tai Chi não deve ser rápido nem demasiadamente lento e o ímpeto (momentum) da postura anterior é transferido para a postura seguinte.
- A Mente imagina o aspecto marcial da postura, direciona o intento e o sentido para os membros, acompanha a execução do movimento e retorna pousando novamente no centro do corpo (interior do baixo ventre). Este treinamento deve ser praticado num estágio em que as posturas já estão bem aprendidas.
- Os Olhos seguem o intento e quando se posicionam na linha do horizonte, a visão periférica acompanha o movimento.
- A Respiração só deve ser sincronizada ao movimento num estágio mais avançado e depois de bem aprendidas as posturas. Tentar enquadrar a respiração num padrão não natural pode trazer mais danos para a saúde e para o Tai Chi do que benefícios. Numa fase mais avançada do Tai Chi, nossa respiração segue o fluxo de armazenar e liberar energia. Por exemplo, na postura Recuar/Empurrar nós inspiramos ao recuar (armazenar energia) e expiramos ao empurrar (liberar energia).

Posturas básicas

- **Sentar na perna**
Sentar ou estar sentado na perna são expressões utilizadas pelo mestre Cheng Man Ching que significam transferir e acomodar o peso do corpo em uma só perna (cheia). Esta postura é realizada de pé com a flexão do joelho que avança somente até a linha da ponta do pé. A outra perna fica aliviada (vazia). (Foto 1a)

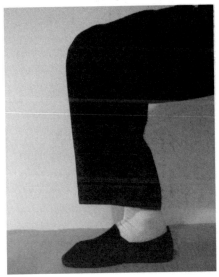

Foto 1a

- **Passo vazio**
A perna avança ou recua um passo, porém o peso não é transferido para esta perna e ela permanece vazia (sem suportar o peso do corpo)

- **Apoiado pela ponta do pé**
A perna fica vazia (sem suportar o peso do corpo) e o joelho levemente dobrado. O pé toca o solo somente pela ponta do dedo maior (os dedos do pé não se curvam). (Foto 1b)

Foto 1b

- **Apoiado pelo calcanhar**
A perna fica vazia (sem suportar o peso do corpo) e o joelho levemente dobrado. O pé toca o solo somente pelo calcanhar (os dedos do pé não se curvam). (Foto 1c)

- **Girar a ponta do pé**
O calcanhar permanece fixo no solo e a ponta do pé se eleva

Foto 1c

ligeiramente e gira para dentro ou para fora (como um ponteiro de relógio).

• **Girar o calcanhar**
A ponta do pé fica fixa no solo e o calcanhar gira para dentro ou para fora.

• **Mãos em forma de punho**
É o formato exato de uma mão fechada segurando um lápis pelo meio da palma. Embora fechada, a mão permanece relaxada, com as juntas abertas e sem tensão alguma. (Foto 1d)

Foto 1d

• **Mãos em forma de gancho**
O pulso se dobra 90° para dentro e os dedos da mão apontam para o solo. Em seguida, mantendo o mesmo ângulo da mão em relação ao pulso (90°), os dedos maiores se retraem unindo as pontas (polegar, médio e indicador). A mão permanece relaxada e as juntas abertas. (Foto 1e)

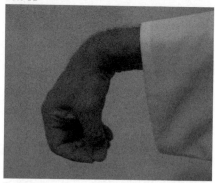
Foto 1e

Posturas auxiliares:

• **Segurar a bola à direita**
Para executarmos esta postura devemos estar sentados na perna direita. Em seguida, elevamos a mão direita para frente do peito com a palma para baixo e paralela ao solo. A mão esquerda sobe para frente do umbigo e permanece com a palma para cima. As mãos parecem segurar uma bola de basquete logo abaixo do peito. (Foto 2)

• A intenção e o sentido repousam no baixo ventre.
• Os olhos fitam o horizonte e a visão periférica acompanha o movimento.

- Inspirar.
- O peso do corpo incide sobre uma só perna (direita).
- O cotovelo direito permanece pendendo logo abaixo da linha do ombro e se alinha com o joelho direito.
- Os ombros, os braços e as mãos devem estar relaxados.
- Devem ser observados os demais tópicos do alinhamento básico.

- *Segurar a bola à esquerda*
Para executarmos esta postura devemos estar sentados na perna esquerda. No mesmo momento, elevamos a mão esquerda para frente do peito com a palma para baixo e paralela ao solo. A mão direita sobe para frente do umbigo e permanece com a palma para cima. As mãos parecem segurar uma bola de basquete logo abaixo do peito. (Foto 3)

Foto 2

- A intenção e o sentido repousam no baixo ventre.
- Os olhos fitam o horizonte e a visão periférica acompanha o movimento.
- Inspirar.
- O peso do corpo incide sobre uma só perna (esquerda).
- O cotovelo esquerdo permanece pendendo logo abaixo da linha do ombro e se alinha com o joelho esquerdo.
- Os ombros, os braços e as mãos devem estar relaxados.
- Devem ser observados os demais tópicos do alinhamento básico.

Foto 3

- **_Mãos paralelas_**

Imaginamos que nosso adversário prende nossos pulsos. Imediatamente, nós recuamos e giramos os braços para a esquerda na tentativa de soltá-los.

A partir da postura "Empurrar" (L), transferimos o peso para a perna de trás, esquerda e sentamos nesta perna. No mesmo instante, nossos braços se abrem e formam duas barras paralelas em frente aos ombros. As palmas ficam abertas para baixo. Em seguida, levantamos a ponta do pé direito do solo e giramos a cintura para o canto esquerdo (NO) levando os braços e as mãos paralelas nesta direção. A ponta do pé direito se eleva do solo e gira sobre o calcanhar acompanhando a trajetória dos braços. O pé direito, os braços e mãos apontam agora para o canto esquerdo (NO). Após atingir o canto esquerdo, a mão esquerda retorna para o centro do peito e os braços e mãos formam uma figura oval à frente do corpo. (Fotos 4a e 4b)

Foto 4a   Foto 4b

- A intenção e o sentido repousam no baixo ventre.
- Os olhos se posicionam na linha do horizonte e a visão periférica acompanha o movimento.

- Inspirar.
- Ao sentar na perna de trás, o corpo não deve inclinar-se.
- A cintura gira e a cabeça e os ombros acompanham.
- O nariz fica sempre alinhado com o umbigo.
- Os cotovelos ficam ligeiramente pendentes.

Parte I

1. Preparação

A mente deve estar serena e vazia

Preparação – Parte I
Em pé, de frente para o norte (N). Os pés ficam com os calcanhares unidos e formam a letra "V". O dedo maior do pé esquerdo aponta para o canto esquerdo (NO) e o dedo maior do pé direito para o canto direito (NE). O peso do corpo fica igualmente distribuído nas duas pernas. (Foto 5)

- O sentido e a intenção repousam no baixo ventre.
- Os olhos fitam o horizonte e a visão periférica acompanha o movimento.
- Inspirar.
- Os joelhos ficam soltos e ligeiramente flexionados.
- Os ombros ficam relaxados e os braços e mãos pendem soltos nas laterais do corpo.
- Devem ser observados os demais tópicos do alinhamento básico.

Foto 5

Preparação – Parte II

Em seguida, transferimos o peso para a perna direita, sentamos nesta perna e flexionamos o joelho direito até a linha da ponta do pé (o corpo desce sem inclinar-se). No mesmo momento, dobramos levemente os cotovelos e levantamos somente os antebraços (alguns centímetros) alinhando-os com os pulsos e as mãos. As mãos, com as palmas para baixo, formam duas rampas paralelas e ligeiramente inclinadas, nas laterais do corpo. Na sequência, damos um passo com o pé esquerdo para a lateral esquerda (O) na distancia entre ombros. (Foto 6)

Foto 6

- O passo na lateral inicia-se levantando o calcanhar esquerdo e pousando primeiro a ponta do pé.
- Os cotovelos ficam perpendiculares ao solo.
- Os dedos apontam para o rodapé permanecendo ligeiramente curvos e discretamente separados entre si.

Preparação – Parte III

Em seguida, transferimos o peso igualmente nas duas pernas e o corpo sobe retilíneo até que os joelhos fiquem soltos e levemente flexionados. (Foto 7)

Foto 7

- A intenção e o sentido se direcionam para as pontas dos dedos.
- Expirar ao distribuir o peso nas duas pernas.
- Devem ser observados os tópicos do alinhamento básico.

2. Início

Nesta postura, visualizamos o nascimento dos movimentos opostos e complementares, subir e descer, expandir e contrair, (YIN e YANG) que representam a origem e a célula matriz do Tai Chi Chuan.

Início – Parte I
Neste momento, elevamos as mãos, com o centro das palmas apontando para o solo, até a altura dos ombros. Os braços e mãos formam duas barras paralelas em frente aos ombros e os cotovelos permanecem ligeiramente arqueados e pendentes. (Foto 8)

- A intenção e o sentido repousam no baixo ventre.
- Os olhos fitam o horizonte e a visão periférica acompanha o movimento.
- Inspirar ao elevar as mãos.

Foto 8

Início – Parte II
Na sequência, dobramos ligeiramente os cotovelos em frente ao peito e descemos as mãos, com as palmas para o solo e os dedos ligeiramente inclinados para cima. Ao atingir a linha da cintura (Foto 9a), as mãos ficam novamente alinhadas com os antebraços e formam duas rampas inclinadas e paralelas. (Foto 9b)

Foto 9a Foto 9b

- A intenção e o sentido repousam no baixo ventre.
- Os olhos fitam o horizonte e a visão periférica acompanha o movimento.
- Expirar ao descer os braços.
- Estes movimentos devem ser lentos e suaves e as mãos devem ser leves como plumas.
- Os ombros ficam relaxados e o peso dos braços incide sobre os cotovelos que pendem ligeiramente para baixo.
- Devem ser observados os tópicos do alinhamento básico do Tai Chi.

3. Agarrar a cauda do pássaro

3.1. Aparar à esquerda

Imaginamos nosso adversário nos atacando pela esquerda e nós bloqueamos seu golpe utilizando o antebraço e a mão esquerda.

Aparar à esquerda – Parte I
Execução da postura auxiliar - Segurar a bola à direita (L). (Foto 9c)

- A intenção e o sentido repousam no baixo abdome.
- Os olhos fitam o horizonte e a visão periférica acompanha o movimento.
- Inspirar.

Aparar à esquerda – Parte II
Em seguida, giramos a cintura para a esquerda e damos um passo com a perna esquerda à frente (N) e sentamos nesta perna. No mesmo instante, as mãos, que estavam com as palmas uma pairando sobre a outra, se cruzam e tomam direções opostas. A palma esquerda sobe e se posiciona aberta em frente ao centro do peito, na altura dos ombros e parece segurar um cesto redondo junto ao corpo. A palma direita, aberta para o solo, se posiciona na lateral direita e abaixo da cintura. (Foto 9d)

Foto 9c

- A intenção e o sentido se dirigem para o antebraço e mão esquerda.
- Os olhos acompanham o antebraço e a mão esquerda.
- Expirar.
- O passo é dado na linha do calcanhar traseiro.

Foto 9d

- Ao dar o passo, pousamos suavemente primeiro o calcanhar.
- A perna direita (de trás) fica vazia e o joelho direito pende ligeiramente para frente.
- Ao completar a postura, a ponta do pé direito se acomoda ao movimento da cintura e gira sobre o calcanhar para dentro (45°).
- O cotovelo esquerdo fica alinhado com o joelho esquerdo e se posiciona logo abaixo do nível do ombro.
- Devemos lembrar que a cabeça gira junto com a cintura e o nariz fica sempre alinhado com o umbigo (N).
- A mão esquerda fica leve e vazia e o peso do braço incide sobre o cotovelo.
- O corpo não deve inclinar-se para frente e permanece atrás da linha do joelho.
- O braço direito se posiciona levemente arqueado ao lado direito do corpo.
- Devem ser observados os tópicos do alinhamento básico do Tai Chi.

3.2. Aparar à direita

Imaginamos nosso adversário nos atacando pela direita e nós bloqueamos seu golpe utilizando o antebraço e a mão direita.

Aparar à direita – Parte I
Execução da postura auxiliar - Segurar a bola à esquerda (N). (Foto 10)

- A intenção e o sentido repousam no baixo abdome.
- Os olhos fitam o horizonte e a visão periférica acompanha o movimento.
- Inspirar.

Aparar à direita – Parte II
Em seguida, damos um passo com a perna direita para Leste (L) e sentamos nesta perna. No mesmo instante, o cotovelo esquerdo desce e fica perpendicular ao solo. A mão

Foto 10

direita se posiciona em frente ao peito e parece segurar um cesto junto ao corpo. A mão esquerda permanece com a palma posicionada em frente à palma direita com os dedos apontando para cima, logo à frente do queixo. (Foto 11)

- A intenção e o sentido se dirigem para o antebraço e mão direita.
- Os olhos acompanham o antebraço e a mão direita.
- Expirar.
- O passo se inicia pela cintura pousando suavemente primeiro o calcanhar direito.

Foto 11

- A perna esquerda fica vazia e o joelho esquerdo pende ligeiramente para frente.
- Ao completar a postura, a ponta do pé esquerdo se acomoda ao movimento da cintura e gira sobre o calcanhar para dentro (45°).
- O cotovelo direito se alinha com o joelho direito logo abaixo do nível do ombro.
- Devemos lembrar que a cabeça gira junto com a cintura e o nariz permanece alinhado com o umbigo.
- As mãos ficam leves e vazias e o peso dos braços incide sobre os cotovelos.
- O corpo não deve inclinar-se para frente e permanece atrás da linha do joelho direito.
- Devem ser observados os tópicos do alinhamento básico do Tai Chi.

3.3. Rolar para trás

Nosso oponente imaginário nos empurra e nós giramos a cintura para a esquerda na intenção de desviar sua força e desequilibrá-lo.

Rolar para trás – Parte I

Na sequência, giramos ligeiramente a cintura para a direita e abrimos levemente o braço direito em frente ao ombro direito (L). A mão direita vira a palma para cima, na linha do pé direito e a mão esquerda permanece, com a palma para baixo, em frente ao umbigo. Os braços ficam arqueados e o cotovelo direito se alinha com o joelho direito. (Foto 12)

Rolar para trás – Parte II

Em seguida, giramos a cintura para a esquerda, transferimos o peso do corpo para a perna de trás (esquerda) e sentamos nesta perna. No mesmo momento, as mãos desviram ambas as palmas (palma direita vira para baixo e palma esquerda vira para cima) e os braços acompanham a cintura para o canto esquerdo (NO). A mão direita se posiciona com a palma aberta em frente ao peito (N). A mão esquerda sobe circularmente pela lateral esquerda até a altura da orelha (Foto 13), desce até o peito e permanece com a palma para frente e os dedos pairando logo acima da base do polegar direito (postura de pressionar). (Foto 14)

Foto 12

Foto 13

Foto 14

- A intenção e o sentido repousam no baixo abdome.
- Os olhos fitam o horizonte e a visão periférica acompanha o movimento.
- Inspirar.
- A cabeça e os ombros giram junto com a cintura e o nariz permanece sempre alinhado com o umbigo.
- Ao transferirmos o peso para trás (perna esquerda), a perna direita fica vazia e a sola do pé direito continua colada ao solo. O corpo não deve inclinar-se para trás.
- Os braços e as mãos movimentam-se suavemente.
- Devem ser observados os tópicos do alinhamento básico do Tai Chi.

3.4. Pressionar

O antebraço direito e a palma esquerda impulsionam juntos para frente, como uma mola e derrubam nosso oponente imaginário.

Ainda sentados na perna esquerda e com as mãos na postura de pressionar (Foto 14), giramos a cintura para a direita, transferimos o peso para a perna direita e sentamos nesta perna. No mesmo momento, levamos os braços e mãos para frente, na postura de pressionar, até a linha do pé direito (L). (Foto 15)

- A intenção e o sentido se direcionam para a mão esquerda.
- Os olhos acompanham a mão esquerda.
- Expirar.

Foto 15

- O joelho direito é flexionado até a linha da ponta do pé.
- O cotovelo direito permanece alinhado com o joelho direito.
- Devemos evitar inclinações para as laterais e para frente. O corpo deve permanecer reto e atrás da linha do joelho direito.

- A perna esquerda fica vazia e o joelho esquerdo pende ligeiramente para frente. A sola do pé esquerdo permanece colada ao solo.
- Devem ser observados os tópicos do alinhamento básico do Tai Chi.

3.5. Recuar/Empurrar

Imaginamos que nosso adversário resiste. Nós o puxamos para trás para desestabilizá-lo e o empurramos com as duas mãos.

Recuar

A partir da postura anterior, a mão esquerda cruza a palma por cima do dorso da mão direita (movimento chamado "tesoura") e as mãos e os braços permanecem como duas barras paralelas em frente aos ombros. Em seguida, sentamos na perna de trás (esquerda) e descemos os cotovelos para frente das costelas. Os cotovelos não se fecham e ficam arredondados. Os antebraços ficam alinhados com os pulsos e junto com as mãos formam duas rampas inclinadas na altura do peito. As mãos e os dedos permanecem relaxados e as palmas apontam para frente. (Foto 16)

- A intenção e o sentido repousam no baixo ventre.
- Os olhos fitam o horizonte e a visão periférica acompanha o movimento.
- Inspirar.
- O corpo não deve inclinar-se para trás e nem para os lados.
- O peso do corpo deve incidir sobre a virilha esquerda ao recuar.
- As mãos ficam relaxadas e descontraídas e os dedos ligeiramente separados.
- O peso dos braços incide sobre os cotovelos.
- As solas dos pés permanecem coladas ao solo.

Foto 16

Empurrar

Na sequência, transferimos o peso para a perna da frente (direita) e sentamos nesta perna. No mesmo instante, as mãos, com as palmas para frente, são empurradas até a linha do pé direito (L). (Foto 17)

- A intenção e o sentido se direcionam para as pontas dos dedos das mãos.
- Os olhos acompanham as mãos.
- Expirar.
- O corpo não deve inclinar-se para frente e nem para os lados.

Foto 17

- O peso do corpo deve incidir sobre a virilha direita.
- O peso dos braços incide sobre os cotovelos.
- As mãos ficam relaxadas e descontraídas e os dedos ligeiramente separados.
- Os braços e cotovelos formam arcos, não se dobram e ficam arredondados.
- O cotovelo direito fica alinhado com o joelho direito.
- As solas dos pés permanecem coladas ao solo.
- Devemos observar os tópicos do alinhamento básico do Tai Chi.

4. Chicote simples

Imaginamo-nos cercados por dois adversários, um à direita, outro à esquerda. Golpeamos o primeiro com o dorso da mão direita e o segundo com a palma esquerda.

Chicote simples – Parte I
Execução da postura auxiliar – Mãos paralelas. (Fotos 18a e 18b)

- A intenção e o sentido repousam no baixo ventre.
- Os olhos fitam o horizonte e a visão periférica acompanha o movimento.
- Inspirar.

Foto 18a

Foto 18b

Chicote simples – Parte II

Em seguida, transferimos o peso para a perna direita e sentamos nesta perna. A mão direita toma a forma de gancho e a mão esquerda parece segurar um cesto redondo junto ao peito. (Foto 18c).

Chicote simples – Parte III

Na sequência, giramos a cintura para a esquerda e o calcanhar esquerdo gira sobre a ponta do pé para a direita (L). No mesmo momento, a mão direita, em forma de gancho, se direciona para a direita (NE) e a mão esquerda permanece com a palma aberta em frente ao peito. (Foto 19)

Foto 18c

- A intenção e o sentido se direcionam para a mão direita.
- Os olhos acompanham a mão direita.
- Expirar.
- Ao girarmos a cintura, os ombros acompanham o movimento e o nariz permanece alinhado com o umbigo.
- O cotovelo direito se abre, o braço fica quase esticado e a mão em gancho aponta para (NE).

Chicote simples – Parte IV
Em seguida, giramos a cintura para a esquerda e levantando o pé esquerdo do solo, damos um passo em ângulo com a perna esquerda para o canto traseiro esquerdo (SO). Transferimos o peso e sentamos nesta perna. Neste momento, a mão esquerda (com a palma voltada para o corpo) sobe circularmente para frente dos olhos, avança até a linha do pé esquerdo (SO) e virando a palma para fora se posiciona na altura da cabeça. (Foto 20)

- A intenção e o sentido se direcionam para a palma esquerda.
- Os olhos acompanham a trajetória da palma esquerda.

Foto 19

Foto 20

- Ainda expirar.
- O passo toca o chão primeiro pelo calcanhar.
- O cotovelo esquerdo permanece alinhado com o joelho esquerdo.
- O pé direito se acomoda ao movimento e gira a ponta do pé (sobre o calcanhar) para dentro, 45°.
- A perna direita fica vazia com o joelho ligeiramente caído para frente e a sola do pé direito permanece colada ao solo.
- A cabeça e o tronco ficam alinhados e posicionados para (O).
- O braço direito, quase esticado e a mão direita em gancho permanecem na mesma posição (NE).
- A mão esquerda fica alinhada com o pulso e o antebraço.
- A cintura gira e os ombros acompanham.
- O nariz fica sempre alinhado com o umbigo.
- Devem ser observados os tópicos do alinhamento básico do Tai Chi.

5. Elevar as mãos

Imaginamo-nos recebendo um ataque frontal do nosso oponente. No mesmo instante, elevamos as duas mãos para frente e bloqueamos o golpe.

Ainda sentados na perna esquerda, giramos a cintura trazendo ao mesmo tempo o pé direito e as duas mãos para frente do corpo (N). O pé direito dá um passo vazio à frente (N) e permanece em frente ao corpo apoiado somente pelo calcanhar. A mão direita, com a palma aberta para a esquerda, se posiciona na altura do peito. A mão esquerda, com a palma voltada para a direita, protege o cotovelo direito. As mãos ficam enfileiradas em frente ao meridiano central do corpo e os braços e cotovelos ficam arqueados e arredondados. Os cotovelos ficam alinhados com os joelhos. (Foto 21)

- A intenção e o sentido repousam no baixo ventre.
- Os olhos fitam o horizonte e a visão periférica acompanha o movimento.
- Inspirar.
- O movimento inicia-se pela cintura.

- O pé direito se posiciona na linha do calcanhar esquerdo e permanece apoiado somente pelo calcanhar.
- O corpo não deve inclinar-se para trás.
- As mãos ficam leves e vazias e o peso dos braços incide sobre os cotovelos.
- A cabeça e os ombros giram junto com a cintura.
- Devem ser observados os tópicos do alinhamento básico do Tai Chi.

Foto 21

6. Golpear com o ombro

Nosso ombro direito avança como um aríete e derruba nosso adversário imaginário.

Golpear com o ombro – Parte I
Ainda sentados na perna esquerda, trazemos o pé direito meio passo para trás, à frente do pé esquerdo, e apoiado no solo somente pela ponta do pé. No mesmo instante, as mãos e braços descem e permanecem relaxados em frente ao corpo. (Foto 22)

- Devemos conservar o alinhamento do corpo.
- O peso do corpo incide somente sobre a perna esquerda (de trás).

Foto 22

Golpear com o ombro – Parte II

Em seguida, damos um passo à frente (N) com a perna direita (pousando suavemente primeiro o calcanhar), transferimos o peso e sentamos nesta perna. A mão esquerda, com a palma voltada para o corpo, aponta os dedos para o cotovelo direito. A palma direita protege o púbis. (Foto 23)

- A intenção e o sentido se direcionam para o ombro direito.
- Os olhos fitam o horizonte e a visão periférica acompanha o movimento.
- Expirar.
- O joelho direito não deve ultrapassar a linha da ponta do pé direito.
- A perna esquerda fica vazia com o joelho esquerdo ligeiramente caído para frente.
- A sola do pé esquerdo permanece colada ao solo.
- O nariz permanece sempre alinhado com o umbigo.

Foto 23

- O corpo não deve inclinar-se para frente e nem ultrapassar a linha do joelho direito.
- Os braços ficam arqueados.
- Devem ser observados os tópicos do alinhamento básico do Tai Chi.

7. Cegonha abre as asas

Imaginamos que nosso oponente tenta encaixar um soco com o punho esquerdo e em seguida, um chute com o pé direito. No mesmo momento, aparamos o soco com a mão direita e bloqueamos o chute com a mão esquerda.

Ainda sentados na perna direita, giramos a cintura para a direita e damos um passo vazio com a perna esquerda para frente (O). O pé esquerdo avança na linha do calcanhar direito e permanece apoiado somente pela ponta do pé. Neste momento, a mão direita sobe pela lateral direita e permanece, com a palma para frente, ao lado direito da cabeça. Na sequência, a cintura gira para a esquerda e a mão esquerda, com a palma aberta para o solo, executa um movimento circular da direita para a esquerda passando pela frente da coxa esquerda sem tocá-la e permanecendo na lateral esquerda (com a palma aberta para o solo) abaixo da cintura. (Fotos 24 e 25)

Foto 24

Foto 25

- A intenção e o sentido se dirigem para o baixo ventre.
- Os olhos fitam o horizonte e a visão periférica acompanha o movimento.
- Inspirar.
- O cotovelo direito fica alinhado com o joelho direito e não ultrapassa a altura dos ombros.
- Ao executar esta postura, o corpo se estica de baixo para cima (como um fio elástico puxado pelas extremidades) e o joelho direito permanece ligeiramente flexionado.
- O nariz permanece sempre alinhado com o umbigo.

- Os ombros ficam relaxados e o peito deve permanecer plano ou ligeiramente afundado.
- Os braços e cotovelos formam arcos, não se dobram e ficam arredondados.
- Devem ser observados os tópicos do alinhamento básico do Tai Chi.

8. Escovar o joelho, esquerda

Nosso adversário imaginário avança e chuta com o pé direito. Nós bloqueamos o chute com a mão esquerda e contra-atacamos com a palma direita.

Escovar o joelho, esquerda – Parte I

Ainda sentados na perna direita, giramos a cintura para a direita e descemos a mão direita circularmente para a lateral da coxa direita.

- A intenção e o sentido repousam no baixo ventre.
- Os olhos fitam o horizonte e a visão periférica acompanha o movimento.
- Expirar.

Escovar o joelho, esquerda – Parte II

Na sequência, a mão direita sobe circularmente até a altura da orelha e permanece com a palma aberta para baixo. A palma esquerda protege o púbis. (Foto 26)

- A intenção e o sentido repousam no baixo ventre.
- Os olhos fitam o horizonte e a visão periférica acompanha o movimento.
- Inspirar.
- O cotovelo direito fica pendendo abaixo da linha do ombro.

Foto 26

Escovar o joelho, esquerda – Parte III
Em seguida, giramos a cintura para a esquerda, damos um passo à frente (O) com a perna esquerda pousando primeiro o calcanhar e sentamos nesta perna. No mesmo momento, a mão esquerda com a palma aberta para o solo executa um movimento circular da direita para a esquerda passando pela frente da coxa esquerda sem tocá-la. A mão direita, com a palma para frente, avança até a linha do pé esquerdo e permanece na altura da cabeça. A mão esquerda, com a palma aberta para o solo, se posiciona na lateral esquerda abaixo da cintura. (Foto 27)

Foto 27

- A intenção e o sentido se direcionam para a mão direita.
- Os olhos acompanham o movimento da mão direita.
- Expirar.
- O corpo não deve inclinar-se para frente e permanece atrás da linha do joelho.
- Devemos observar os tópicos do alinhamento básico do Tai Chi.

9. Tocar o alaúde

Imaginamos que nosso oponente tenta encaixar um soco de direita. No mesmo momento, levantamos nossos cotovelos, bloqueamos o golpe e agarramos seu pulso com a mão direita e seu cotovelo com a esquerda.

Tocar o alaúde – Parte I
Sentados na perna da frente (esquerda), elevamos o pé de trás (direito) cerca de 10 cm acima do solo. As mãos e os braços permanecem na mesma postura anterior. (Foto 28)

- O corpo não deve inclinar-se para frente e permanece atrás da linha do joelho esquerdo.

Tocar o alaúde – Parte II
Na sequência, colocamos novamente o pé direito no solo (pousando primeiro a ponta do pé), transferimos o peso e sentamos na perna direita (de trás).

- O sentido e a intenção repousam no baixo abdome.
- Os olhos fitam o horizonte e a visão periférica acompanha o movimento.
- Inspirar.

Foto 28

Tocar o alaúde – Parte III
Em seguida, elevamos a ponta do pé esquerdo do solo e damos meio passo vazio à frente (O) apoiando o pé esquerdo somente sobre o calcanhar. No mesmo momento, a mão esquerda sobe à frente do peito e permanece com a palma voltada para a direita, na linha do pé esquerdo. A mão direita retrocede e a palma aberta protege o cotovelo esquerdo. (Foto 29a)

- A intenção e o sentido se direcionam para as mãos.
- Os olhos acompanham as mãos.
- Expirar.
- As mãos ficam leves e relaxadas.

Foto 29a

- Os braços e cotovelos não se dobram e formam arcos.
- O peso dos braços incide sobre os cotovelos.
- O cotovelo esquerdo fica alinhado com o joelho esquerdo.
- O corpo não deve inclinar-se para trás.
- O joelho direito (perna de trás) flexiona-se na linha da ponta do pé direito.
- Devemos observar os tópicos do alinhamento básico do Tai Chi.

10. Escovar o joelho e torcer o passo, esquerda

Imaginamos que o adversário avança e chuta com o pé direito. Nós bloqueamos o chute com a mão esquerda e contra-atacamos com a palma direita.

Escovar o joelho, esquerda – Parte I

Ainda sentados na perna direita, giramos a cintura para a direita e a mão direita descreve um circulo descendo para trás e subindo até a altura da orelha. A mão esquerda protege o púbis. (Foto 29b)

Foto 29b

- A intenção e o sentido repousam no baixo ventre.
- Os olhos fitam o horizonte e a visão periférica acompanha o movimento.
- Inspirar.
- A mão se movimenta de forma suave, leve e vazia.
- O cotovelo direito fica pendendo abaixo da linha do ombro.
- O nariz permanece alinhado com o umbigo.

Escovar o joelho, esquerda – Parte II
Em seguida, giramos a cintura para a esquerda, damos um passo à frente (O) com a perna esquerda pousando primeiro o calcanhar e sentamos nesta perna. No mesmo momento, a mão esquerda com a palma aberta para o solo executa um movimento circular da direita para a esquerda passando pela frente da coxa esquerda sem tocá-la. A mão direita, com a palma para frente, avança até a linha do pé esquerdo e permanece na altura da cabeça. A mão esquerda, com a palma aberta para o solo, se posiciona na lateral esquerda abaixo da cintura. (Foto 29c)

Foto 29c

• A intenção e o sentido se direcionam para a mão direita.
• Os olhos acompanham a mão direita.
• Expirar.
• O corpo não deve inclinar-se para frente e permanece atrás da linha do joelho esquerdo.
• O nariz permanece sempre alinhado com o umbigo.
• Devemos observar os tópicos do alinhamento básico do Tai Chi.

Torcer o passo – Parte III
Em seguida, transferimos o peso para a perna direita (de trás), sentamos nesta perna e giramos a cintura e a ponta do pé esquerdo (sobre o calcanhar) para a esquerda 45° (SO).

11. Dar o passo, desviar e socar

Imaginamos que o nosso oponente tenta um ataque frontal. Imediatamente, lançamos as mãos para frente para desviar seu golpe e contra-atacamos com um soco de direita.

Dar o passo, desviar e socar – Parte I

Na sequência, transferimos o peso para a perna esquerda e sentamos nesta perna trazendo a mão direita em forma de punho (vide posturas básicas) para frente do umbigo. A mão esquerda, com a palma aberta, permanece ao lado esquerdo abaixo da cintura. (Foto 30)

Dar o passo, desviar e socar – Parte II

Em seguida, giramos a cintura para a direita e damos um passo com a perna direita para frente virando a ponta do pé direito 45° para a direita (NO). Neste momento, transferimos o peso, sentamos nesta perna e lançamos a mão esquerda e o punho direito em movimento circular para frente (Foto 31). A mão esquerda, com a palma voltada para a direita, permanece congelada à frente. O punho direito desce para junto da lateral direita da cintura (ilharga) e permanece com os dedos para cima (Foto 32).

• A intenção e o sentido repousam no baixo abdome.
• Os olhos fitam a linha do horizonte e a visão periférica acompanha o movimento.
• Inspirar.

Foto 30

Foto 31

- O movimento das mãos é suave e o peso dos braços incide sobre os cotovelos.
- Os braços e cotovelos formam arcos, não se dobram e ficam arredondados.
- O corpo não deve inclinar-se para frente.

Dar o passo, desviar e socar – Parte III

Na sequência, damos um passo com a perna esquerda à frente (pousando primeiro o calcanhar), transferimos o peso e sentamos nesta perna. No mesmo momento, o punho direito gira em si mesmo e os dedos ficam posicionados para a lateral esquerda. O punho avança para frente (O) e soca logo abaixo da palma esquerda. (Foto 33)

Foto 32

Foto 33

- A intenção e o sentido se dirigem para o punho direito.
- Os olhos acompanham o punho.
- Expirar.
- Ao socarmos à frente, o corpo não deve inclinar-se.
- O punho deve ser relaxado e o movimento lento e suave.
- Devemos observar os tópicos do alinhamento básico do Tai Chi.

12. Aparente encerramento

Nosso adversário tenta agarrar nosso pulso direito. Nós recuamos, desvencilhando o pulso das mãos do oponente e o empurramos.

Aparente encerramento – Parte I
Em seguida, recuamos, transferimos o peso para a perna de trás (direita) e sentamos nesta perna. A mão esquerda desce abaixo do antebraço direito tocando o cotovelo direito pelo meio da palma. A palma esquerda sobe deslizando pela parte externa do antebraço direito e os pulsos se cruzam na frente do peito. As palmas das mãos ficam voltadas para o corpo. (Fotos 34 e 35)

Foto 34

Foto 35

- A intenção e o sentido repousam no baixo ventre.
- Os olhos fitam o horizonte e a visão periférica acompanha o movimento.
- Inspirar.
- O corpo não deve inclinar-se para trás e nem para os lados.
- O peso do corpo deve incidir sobre a virilha direita ao recuar.

- As mãos ficam relaxadas e descontraídas e os dedos ligeiramente separados.
- Os braços e cotovelos formam arcos, não se dobram e ficam arredondados.
- O peso dos braços incide sobre os cotovelos.
- As solas dos pés permanecem coladas ao solo.

Aparente encerramento – Parte II
Na sequência, transferimos o peso para a perna da frente (esquerda) e sentamos nesta perna. No mesmo momento, descruzamos os pulsos e empurramos as palmas para frente (O). As mãos são levadas à frente até a linha do pé esquerdo. (Foto 36)

Foto 36

- A intenção e o sentido se direcionam para as pontas dos dedos.
- Os olhos acompanham as mãos.
- Expirar.
- O corpo não deve inclinar-se para frente e nem para os lados.
- O peso do corpo deve incidir sobre a virilha esquerda ao avançar.
- Os braços e cotovelos formam arcos, não se dobram e ficam arredondados.
- O peso dos braços incide sobre os cotovelos.
- As mãos ficam relaxadas e descontraídas e os dedos ligeiramente separados.
- O cotovelo esquerdo fica alinhado com o joelho esquerdo.
- As solas dos pés permanecem coladas ao solo.
- Devemos observar os tópicos do alinhamento básico do Tai Chi.

13. Mãos cruzadas

Imaginamos que um ataque frontal parece inevitável e formamos um escudo cruzando as mãos em frente ao peito.

Mãos cruzadas – Parte I
Em seguida, transferimos o peso para a perna direita (de trás) e sentamos nela. Simultaneamente, a cintura gira para a direita trazendo o corpo todo para esta direção (N). A ponta do pé esquerdo gira sobre o calcanhar e acompanha a rotação da cintura. Os braços se abrem para as laterais e as mãos permanecem com as palmas para frente. (Foto 37)

- A intenção e o sentido repousam no baixo ventre.
- Os olhos fitam o horizonte e a visão periférica acompanha o movimento.
- Inspirar.
- Ao sentarmos na perna de trás devemos manter o corpo reto.
- O nariz acompanha o giro da cintura e permanece alinhado com o umbigo.
- Os cotovelos não ultrapassam a linha dos ombros.
- Os braços e cotovelos ficam arredondados e formam arcos.

Foto 37

Mãos cruzadas – Parte II
Na sequência, transferimos o peso para a perna esquerda e sentamos nesta perna. Neste momento, as mãos descem pelas laterais (em trajetória circular) até abaixo do umbigo e sobem até a linha dos cotovelos. A perna direita dá meio passo em direção ao pé esquerdo e os pulsos se cruzam (direito à frente do esquerdo). Os pés ficam separados e paralelos.

Mãos cruzadas – Parte III

Na sequência, distribuímos o peso igualmente nas duas pernas e sentamos nelas (os joelhos descem até a linha das pontas dos pés). Os cotovelos ficam perpendiculares ao solo e os pulsos continuam cruzados. As mãos com as palmas voltadas para o corpo lembram o símbolo da pomba da paz. (Foto 38)

- A intenção e o sentido continuam no baixo ventre.
- Os olhos fitam o horizonte.
- Expirar.
- Ao cruzar os pulsos não devemos levantar os ombros. Estes devem permanecer relaxados.

Foto 38

- A respiração é abdominal e pelo nariz. Ela flui calma, fina, longa e profunda.
- A nuca fica reta e a cabeça parece estar sendo puxada por um fio pelo topo. O corpo pende relaxado para baixo sob a força da gravidade.
- A boca permanece relaxadamente fechada e a língua toca de leve o palato superior (logo atrás dos dentes incisivos).
- Os cotovelos pendem soltos e perpendiculares ao solo.
- Os braços e cotovelos formam arcos, não se dobram e ficam arredondados.
- O peito deve permanecer plano ou ligeiramente afundado.
- Os artelhos se arraigam no solo e os pés se contraem para um ponto central (fonte borbulhante), abaixo da almofada frontal do pé.
- A cintura fica relaxada e as nádegas pendem para baixo sob o efeito da gravidade.

Parte II

A partir desta fase as posturas ficam mais complexas. Para evitar repetições, vamos considerar que as posturas básicas e as regras do alinhamento básico já são conhecidas.

14. Abraçar o tigre, retornar para a montanha

Nosso atacante imaginário nos ataca por trás e tenta encaixar um chute. Neste instante, bloqueamos seu intento com a mão direita, agarramos sua cintura com o antebraço e mão direita e golpeamos com a palma esquerda.

Abraçar o tigre e retornar para a montanha – Parte I

Em seguida, sentamos na perna esquerda. A mão esquerda sobe circularmente para a lateral esquerda da cabeça e permanece com a palma para baixo. A palma direita protege o púbis. (Foto 39)

- A intenção e o sentido repousam no baixo ventre.
- Os olhos fitam o horizonte e a visão periférica acompanha o movimento.
- Inspirar.
- Os ombros ficam relaxados e os cotovelos pendem para baixo.
- Os braços e cotovelos formam arcos e ficam arredondados.

Foto 39

Abraçar o tigre, retornar para a montanha – Parte II

Na sequência, giramos a cintura para direita e damos um passo em ângulo com a perna direita para o canto traseiro direito (SE). Em seguida, transferimos o peso e sentamos nesta perna. Simultaneamente, a mão direita com a palma para baixo, executa um movimento circular da esquerda para a direita e passa por cima da coxa direita sem tocá-la. A mão esquerda, com a palma aberta para frente e sempre na altura da cabeça, se movimenta lentamente em direção a linha do pé direito. A ponta do pé esquerdo se acomoda ao movimento e gira para dentro (45° sobre o calcanhar). A mão direita vira a palma para cima e permanece na linha do pé direito e abaixo da linha da cintura. (Fotos 40 e 41)

Foto 40   Foto 41

- A intenção e o sentido se direcionam para a mão esquerda.
- Os olhos acompanham a mão esquerda.
- Expirar.
- A cabeça gira junto com a cintura.
- As mãos ficam leves e vazias e deslocam-se lenta e suavemente.
- O corpo não deve inclinar-se para frente e permanece atrás da linha do joelho direito.
- A perna de trás (esquerda) permanece vazia e o joelho pende ligeiramente para frente.
- A sola do pé esquerdo permanece colada ao solo.

15. Agarrar a cauda do pássaro

15.1. Aparar à direita (SE) *(Foto 42)*

Foto 42

15.2. Rolar para trás (NO) *(Fotos 43 e 44)*

Foto 43

Foto 44

15.3. Pressionar (SE) (Fotos 45 - 46)

Foto 45

Foto 46

15.4. Recuar/ Empurrar (SE) (Fotos 47 - 48)

Foto 47

Foto 48

16. Chicote simples em diagonal

Imaginamo-nos sendo atacados simultaneamente pela direita e esquerda. No mesmo instante, golpeamos com o dorso da mão direita e com a palma esquerda.

Chicote em diagonal – Parte I
Execução da postura auxiliar – Mãos paralelas (Foto 49)

- A intenção e o sentido repousam no baixo ventre.
- Os olhos fitam o horizonte e a visão periférica acompanha o movimento.
- Inspirar.

Foto 49

Chicote em diagonal – Parte II
Ainda com os braços e mãos paralelas e apontando para o canto traseiro esquerdo (N), transferimos o peso para a perna direita e sentamos nesta perna. Neste momento, elevamos o calcanhar esquerdo do chão e o pé esquerdo fica apoiado apenas sobre a ponta do pé. Em seguida, trazemos as duas mãos para frente do peito (L). As mãos e braços parecem formar uma figura oval em frente ao peito, na altura dos ombros. (Foto 50)

Foto 50

Chicote em diagonal – Parte III

Na sequência, giramos a cintura para a esquerda e o calcanhar esquerdo gira sobre a ponta do pé para a direita (SE). Neste momento, a mão direita toma a forma de gancho (vide posturas básicas) e se direciona para a direita (L). A palma esquerda fica aberta para o peito. (Fotos 51 - 52)

Foto 51

Foto 52

- A intenção e o sentido se direcionam para a mão direita.
- Os olhos acompanham a mão direita.
- Expirar.
- Ao girarmos a cintura, o nariz acompanha o movimento e permanece alinhado ao umbigo.

O braço direito e o cotovelo se abrem, ficam quase esticados e a mão em gancho aponta para (L).

Chicote em diagonal – Parte IV

Em seguida, giramos a cintura para a esquerda e damos um passo com a perna esquerda (pousando primeiro o calcanhar no solo) para a esquerda (NO), transferimos o peso e sentamos nesta perna.

Neste momento, a mão esquerda (com a palma aberta para o corpo) sobe circularmente para frente dos olhos, avança até a linha do pé esquerdo (NO) e virando a palma para fora se posiciona na altura da cabeça. (Foto 53)

- A intenção e o sentido se direcionam para a palma esquerda.
- Os olhos acompanham a trajetória da palma esquerda.
- Ainda expirar.
- O passo toca o chão primeiro pelo calcanhar.
- O cotovelo esquerdo permanece alinhado com o joelho esquerdo.
- O pé direito se acomoda ao movimento girando a ponta do pé para dentro (45°).
- A cabeça e o tronco ficam alinhados e posicionados para (N).
- O braço direito, quase esticado e a mão direita em gancho permanecem na mesma posição (L).

Foto 53

17. Punho sob o cotovelo

O nosso oponente imaginário tenta encaixar um golpe no flanco direito. Nós recuamos para a lateral esquerda, bloqueamos com o antebraço direito e contra-atacamos com as pontas dos dedos da mão esquerda. Se falharmos, golpearemos com o punho oculto abaixo do cotovelo.

Punho sob o cotovelo – Parte I

Ainda sentados na perna esquerda (postura chicote em diagonal), transferimos o peso para a perna direita e sentamos nesta perna. Em seguida, giramos a cintura para a esquerda e damos um passo com a perna esquerda para esta direção (O). No mesmo momento, a mão esquerda desce circularmente para a lateral esquerda e se posiciona abaixo da cintura com a palma voltada para a lateral da coxa. A mão direita se abre e acompanha o movimento da cintura.

Punho sob o cotovelo – Parte II

Na sequência, transferimos o peso para a perna esquerda e sentamos nesta perna. Em seguida, damos um passo com a perna direita para a direita (NO), na linha do calcanhar esquerdo. No mesmo momento, a mão direita avança para frente do peito e parece segurar um cesto redondo junto ao corpo. (Foto 54)

- A intenção e o sentido repousam no baixo ventre.
- Os olhos fitam o horizonte e a visão periférica acompanha o movimento.
- Inspirar.

Foto 54

Punho sob o cotovelo – Parte III

Em seguida, transferimos o peso para a perna direita e sentamos nesta perna. Simultaneamente, o pé esquerdo dá meio passo vazio sobre o calcanhar para frente (O) e a mão esquerda, com a palma voltada para a direita, sobe à frente do rosto na linha do pé esquerdo. A mão direita toma a forma de punho e se posiciona logo abaixo do cotovelo esquerdo (O). (Foto 55)

Foto 55

- A intenção e o sentido se direcionam para as pontas dos dedos da mão esquerda.
- Os olhos fitam a mão esquerda.
- Expirar.
- O pé esquerdo permanece apoiado somente pelo calcanhar.
- O cotovelo esquerdo fica alinhado com o joelho esquerdo.
- O joelho esquerdo permanece solto e ligeiramente dobrado.
- O corpo não deve inclinar-se para trás.
- As mãos devem permanecer leves e vazias.
- Os braços e cotovelos formam arcos, não se dobram e ficam arredondados.
- Os ombros ficam relaxados e os cotovelos pendem para baixo.

18. Repelir o macaco

18.1. Repelir o macaco, direita

Nosso oponente imaginário segura nosso pulso esquerdo. Nós puxamos o braço esquerdo, trazemos seu corpo mais próximo e golpeamos com a palma direita.

Repelir o macaco, direita – Parte I
A partir da postura anterior, giramos a cintura para a direita trazendo a mão direita circularmente para trás até a altura da orelha direita. A mão direita permanece com a palma para baixo e o braço e o cotovelo formam um arco logo abaixo do ombro. A mão esquerda, na linha do pé esquerdo, vira a palma para cima e desce permanecendo na altura do peito. (Foto 56)

Foto 56

- A intenção e o sentido repousam no baixo ventre.
- Os olhos fitam o horizonte e a visão periférica acompanha o movimento.
- Inspirar.
- As mãos ficam leves e vazias e o peso dos braços incide sobre os cotovelos.
- A cabeça, os ombros e a cintura giram juntos e o nariz permanece alinhado com o umbigo.
- Os braços e cotovelos formam arcos, não se dobram e ficam arredondados.

Repelir o macaco, direita – Parte II

Na sequência, elevamos o calcanhar esquerdo do solo e damos um passo para trás com a perna esquerda pousando primeiro a ponta do pé no solo. Em seguida, giramos a cintura para frente (O), transferimos o peso para a perna esquerda e sentamos nesta perna. O joelho da perna vazia (direita) permanece ligeiramente dobrado. Simultaneamente, a mão direita avança até a linha do pé direito permanecendo com a palma para frente, na altura da cabeça. A mão esquerda, no mesmo momento, recua, com a palma aberta para cima e se posiciona ao lado esquerdo da cintura. (Fotos 57 e 58)

Foto 57

Foto 58

- A intenção e o sentido se direcionam para a palma direita.
- Os olhos acompanham a mão direita.
- Expirar.
- Os passos para trás devem ser executados em linha reta (como sobre os trilhos).
- Ao dar os passos, a altura da cabeça não deve variar e o corpo não deve inclinar-se para trás.
- A cabeça acompanha o girar da cintura e o nariz permanece sempre alinhado com o umbigo.
- Os braços e cotovelos formam arcos, não se dobram e ficam arredondados.
- As mãos ficam leves e vazias e se movimentam lenta e suavemente.
- Os ombros ficam relaxados e os cotovelos pendem para baixo.
- O cotovelo direito fica alinhado com o joelho direito.

18.2. Repelir o macaco, esquerda

Nosso oponente imaginário agarra nosso pulso direito. Nós puxamos o braço direito, trazemos seu corpo mais próximo e golpeamos com a palma esquerda.

Repelir o macaco, esquerda – Parte I
A partir da postura anterior, giramos a cintura para a esquerda e a mão esquerda numa trajetória circular desce para trás e sobe para a lateral da orelha esquerda permanecendo com a palma para baixo. O braço e o cotovelo esquerdo formam um arco logo abaixo da linha do ombro. A mão direita permanece na mesma posição anterior e vira a palma para cima. (foto 59)

Foto 59

- A intenção e o sentido permanecem no baixo ventre.
- Os olhos fitam o horizonte e a visão periférica acompanha o movimento.
- Inspirar.
- Os braços e cotovelos formam arcos, não se dobram e ficam arredondados.
- As mãos ficam leves e vazias e o peso dos braços incide sobre os cotovelos.
- A cabeça acompanha o girar da cintura e o nariz permanece sempre alinhado com o umbigo.

Repelir o macaco, esquerda – Parte II

Na sequência, elevamos o calcanhar direito do solo e damos um passo para trás com a perna direita (pousando primeiro a ponta do pé no solo). Em seguida, giramos a cintura para frente (O), transferimos o peso para a perna direita e sentamos nesta perna. O joelho da perna vazia (esquerda) permanece ligeiramente dobrado. Simultaneamente, a mão esquerda avança até a linha do pé esquerdo e permanece, com a palma para frente, na altura da cabeça. A mão direita, no mesmo momento, recua, com a palma aberta para cima e se posiciona ao lado direito da cintura. (Foto 60)

Foto 60

- A intenção e o sentido se direcionam para a palma esquerda.
- Os olhos acompanham a mão esquerda.
- Expirar.
- Os passos para trás devem ser executados em linha reta.
- Ao dar os passos, a altura da cabeça não deve variar e o corpo não deve inclinar-se para trás.

- A cabeça acompanha o girar da cintura e o nariz permanece sempre alinhado com o umbigo.
- Os braços e cotovelos formam arcos, não se dobram e ficam arredondados.
- As mãos ficam leves e vazias e se movimentam lenta e suavemente.
- Os ombros ficam relaxados e os cotovelos pendem para baixo.
- O cotovelo esquerdo fica alinhado com o joelho esquerdo.

18.3. Repelir o macaco, direita

Nosso oponente agarra nosso pulso esquerdo. Nós puxamos o braço esquerdo, trazemos seu corpo mais próximo e golpeamos com a palma direita.

Repelir o macaco, direita – Parte I
A partir da postura anterior, giramos a cintura para a direita trazendo a mão direita circularmente para trás e subindo até a altura da orelha direita. A mão direita permanece com a palma aberta para baixo e o braço e o cotovelo formam um arco logo abaixo do ombro. A mão esquerda, na linha do pé esquerdo, vira a palma para cima. (Foto 61)

- A intenção e o sentido permanecem no baixo ventre.
- Os olhos fitam o horizonte e a visão periférica acompanha o movimento.
- Inspirar.
- As mãos ficam leves e vazias e o peso dos braços incide sobre os cotovelos.
- A cabeça acompanha o girar da cintura e o nariz permanece sempre alinhado com o umbigo.
- Os braços e cotovelos formam arcos, não se dobram e ficam arredondados.

Foto 61

Repelir o macaco, direita – Parte II

Na sequência, elevamos o calcanhar esquerdo do solo e damos um passo para trás com a perna esquerda (pousando primeiro a ponta do pé no solo). Em seguida, giramos a cintura para frente (O), transferimos o peso para a perna esquerda e sentamos nesta perna. O joelho da perna vazia (direita) permanece ligeiramente dobrado. Simultaneamente, a mão direita avança até a linha do pé direito permanecendo com a palma para frente, na altura da cabeça. A mão esquerda, no mesmo momento, recua, com a palma aberta para cima e se posiciona ao lado esquerdo da cintura. (Fotos 62 - 63)

Foto 62   Foto 63

- A intenção e o sentido se direcionam para a palma direita.
- Os olhos acompanham a mão direita.
- Expirar.
- Os passos para trás devem ser executados em linha reta.
- Ao dar os passos, a altura da cabeça não deve variar e o corpo não deve inclinar-se para trás.

- A cabeça acompanha o girar da cintura e o nariz permanece sempre alinhado com o umbigo.
- Os braços e cotovelos formam arcos, não se dobram e ficam arredondados.
- As mãos ficam leves e vazias e se movimentam lenta e suavemente.
- Os ombros ficam relaxados e os cotovelos pendem para baixo.
- O cotovelo direito fica alinhado com o joelho direito.

19. Voo inclinado

Imaginamos que o nosso oponente tenta encaixar um soco de direita no abdome. Simultaneamente, agarramos e puxamos seu pulso para baixo com a mão esquerda e golpeamos acima com a mão direita.

Voo inclinado – Parte I
Sentados na perna esquerda, elevamos o braço e a mão esquerda, com a palma voltada para baixo, à frente do ombro esquerdo. A mão direita, com a palma aberta para cima, se posiciona abaixo do cotovelo esquerdo. (Foto 64)

- A intenção e o sentido repousam no baixo ventre.
- Os olhos fitam o horizonte e a visão periférica acompanha o movimento.
- Inspirar.

Foto 64

Voo inclinado – Parte II
Em seguida, giramos a cintura para a direita e damos um passo em ângulo, com a perna direita, para o canto traseiro direito (NE) pousando primeiro o calcanhar. Na sequência, transferimos o peso e sentamos na perna direita. Simultaneamente, as mãos se separam e a mão direita, com

a palma aberta para o corpo, sobe desenhando uma trajetória retilínea e inclinada (como um pássaro alçando voo) até a frente da lateral direita da testa. A mão esquerda desce para a esquerda (no sentido oposto da mão direita) e permanece ao lado esquerdo abaixo da cintura. (Fotos 65 - 66)

Foto 65

Foto 66

- A intenção e o sentido se dirigem para a mão direita.
- Os olhos acompanham a palma direita.
- Expirar.
- O pé esquerdo se acomoda ao movimento e vira a ponta do pé para dentro (45°).
- O corpo não deve inclinar-se para frente e permanece atrás da linha do joelho direito.
- O cotovelo direito não ultrapassa a linha do ombro e permanece alinhado com o joelho direito.
- A perna vazia (esquerda) fica com o joelho pendendo ligeiramente para frente e a sola do pé esquerdo permanece colada ao solo.
- O movimento da mão deve ser leve e suave.
- Os ombros ficam relaxados e os cotovelos pendem para o solo.
- Os braços e cotovelos formam arcos e ficam arredondados.

20. Mãos em nuvens

20.1. Mãos em nuvens, esquerda

Nosso oponente tenta encaixar um golpe no abdome e nós giramos a cintura para a esquerda, bloqueamos com a mão direita e contra-atacamos com a esquerda.

Mãos em nuvens, esquerda – Parte I
Na sequência da postura anterior, giramos a cintura para a direita e trazemos o pé esquerdo paralelo ao pé direito na distância entre ombros. A mão direita desce para frente do peito com a palma aberta para baixo e permanece paralela ao solo. A mão esquerda sobe para frente do umbigo com a palma aberta para cima e permanece alinhada com a mão direita. As mãos ficam pairando uma sobre a outra e parecem segurar uma bola na lateral direita do corpo (na linha do pé direito). (Foto 67)

- A intenção e o sentido repousam no baixo ventre.
- Os olhos fitam o horizonte e a visão periférica acompanha o movimento.
- Inspirar.
- O cotovelo direito fica logo abaixo da linha dos ombros e pende ligeiramente para o solo.
- Os braços e cotovelos formam arcos, não se dobram e ficam arredondados.
- As mãos ficam leves e vazias.
- Os ombros giram junto com a cintura e o nariz fica sempre alinhado com o umbigo.

Foto 67

Mãos em nuvens, esquerda – Parte II

Em seguida, transferimos o peso e sentamos na perna esquerda. Neste momento, a mão esquerda vira a palma para o corpo e sobe até a frente da garganta passando por entre o polegar e o indicador da mão direita. A mão direita desce e permanece com a palma aberta para o umbigo (os braços ficam arredondados e as mãos parecem abraçar um tronco na linha central do corpo). Na sequência, giramos a cintura, cabeça e tronco para a esquerda. O corpo gira em bloco da direita para a esquerda levando as duas mãos alinhadas (palma esquerda em frente à garganta e palma direita à frente do umbigo). (Fotos 68 e 69)

Foto 68

Foto 69

- A intenção e o sentido se direcionam para a mão esquerda.
- Os olhos acompanham a palma esquerda.
- Expirar.
- Durante a movimentação, o corpo se mantém reto, os joelhos flexionados e a altura constante.
- Os pés ficam paralelos e apontam para (N).

20.2. Mãos em nuvens, direita

Imaginamos que o nosso oponente tenta encaixar um chute na virilha direita. No mesmo momento, giramos a cintura para este lado, bloqueamos com a mão esquerda e golpeamos com a direita.

Mãos em nuvens, direita – Parte I

Ainda sentados na perna esquerda, a mão esquerda desce para frente do peito com a palma aberta para baixo e permanece paralela ao solo na linha do pé esquerdo. A mão direita em frente ao umbigo vira a palma para cima e permanece alinhada com a mão esquerda. As mãos ficam pairando uma sobre a outra e parecem segurar uma bola na lateral esquerda do corpo. Em seguida, elevamos o calcanhar direito e damos meio passo com o pé direito para a esquerda (pousando primeiro a ponta do pé) e permanecendo a meio passo do pé esquerdo. (Fotos 70 e 71)

Foto 70

Foto 71

- A intenção e o sentido repousam no baixo ventre.
- Os olhos fitam o horizonte e a visão periférica acompanha o movimento.
- Inspirar.

- Os pés apontam para (N) e ficam paralelos e separados (na meia distância entre ombros).
- O cotovelo esquerdo fica logo abaixo da linha dos ombros.
- Os braços e cotovelos formam arcos, não se dobram e ficam arredondados.
- As mãos ficam leves e vazias.

Mãos em nuvens, direita – Parte II

Em seguida, transferimos o peso para a perna direita e sentamos nesta perna. A mão direita vira a palma para o corpo e sobe até a frente da garganta passando por entre o polegar e o indicador da mão esquerda. Ao mesmo tempo, a mão esquerda desce e permanece com a palma voltada para o umbigo (os braços ficam arredondados e as mãos parecem abraçar um tronco na linha central do corpo). Na sequência, giramos a cintura, cabeça e tronco para a direita. O corpo gira em bloco da esquerda para a direita levando as duas mãos alinhadas (palma direita em frente à garganta e palma esquerda à frente do umbigo). (Fotos 71 e 72)

Foto 72

- A intenção e o sentido se direcionam para a mão direita.
- Os olhos acompanham a palma direita.
- Expirar.
- O corpo se mantém reto e na mesma altura.

20.3. Mãos em nuvens, esquerda

Nosso adversário tenta golpear nosso abdome e nós giramos a cintura para a esquerda, bloqueamos com a mão direita e contra-atacamos com a esquerda.

Mãos em nuvens, esquerda – Parte I

Ainda sentados na perna direita, a mão direita desce para frente do peito com a palma aberta para baixo e permanece paralela ao solo na linha do pé direito. A mão esquerda, em frente ao umbigo, vira a palma para cima e permanece alinhada com a mão direita. As mãos ficam pairando uma sobre a outra e parecem segurar uma bola ao lado direito do corpo. Em seguida, damos um passo com a perna esquerda para a lateral, na medida entre ombros. (Foto 73)

- A intenção e o sentido repousam no baixo ventre.
- Os olhos fitam o horizonte e a visão periférica acompanha o movimento.
- Inspirar.
- O cotovelo direito fica logo abaixo da linha dos ombros e pende ligeiramente para o solo.
- Os braços e cotovelos formam arcos, não se dobram e ficam arredondados.
- As mãos ficam leves e vazias.

Foto 73

Mãos em nuvens, esquerda – Parte II

Em seguida, transferimos o peso para a perna esquerda e sentamos nesta perna. A mão esquerda vira a palma para o corpo e sobe até a frente da garganta passando por entre o polegar e o indicador da mão direita. Ao mesmo tempo, a mão direita desce e permanece com a palma voltada para o umbigo (os braços ficam arredondados e as mãos parecem abraçar um tronco na linha central do corpo). Na sequência, giramos a cintura para a esquerda. O corpo gira em bloco da direita para a esquerda levando as duas mãos alinhadas (palma esquerda em frente à garganta e palma direita à frente do umbigo). (Fotos 74 e 75)

Foto 74

Foto 75

- A intenção e o sentido se direcionam para a mão esquerda.
- Os olhos acompanham a palma esquerda.
- Expirar.
- A cabeça e os ombros giram junto com a cintura.

20.4. Mãos em nuvens, direita (L) (Fotos 76 - 77 e 78)

Foto 76

Foto 77

Foto 78

20.5. Mãos em nuvens, esquerda *(O)* (Fotos 79 - 80 e 81)

Foto 79

Foto 80

Foto 81

21. Chicote simples

Imaginamo-nos sendo atacados simultaneamente pela direita e esquerda. No mesmo instante, golpeamos com o dorso da mão direita e com a palma esquerda.

Chicote simples – Parte I

Na sequência da postura anterior (mãos em nuvens esquerda), a mão esquerda desce para frente do peito com a palma para baixo e permanece paralela ao solo na linha do pé esquerdo. A mão direita em frente ao umbigo vira a palma para cima e permanece alinhada com a mão esquerda. As mãos ficam pairando uma sobre a outra e parecem segurar uma bola ao lado esquerdo do corpo.

- A intenção e o sentido repousam no baixo ventre.
- Os olhos fitam o horizonte e a visão periférica acompanha o movimento.
- Inspirar.

Chicote simples – Parte II

Em seguida, damos um passo com a perna direita à frente (N) pousando primeiro o calcanhar e sentamos nesta perna. No mesmo momento, a cintura gira para a direita e a mão direita tomando a forma de gancho se direciona para o canto direito (NE). A mão esquerda desce e vira a palma para cima. (Fotos 82 e 83)

Foto 82

Foto 83

- A intenção e o sentido se direcionam para a mão direita.
- Os olhos acompanham a mão direita.
- Expirar.
- Ao girarmos a cintura, o nariz acompanha o movimento e permanece alinhado ao umbigo.
- O braço direito e o cotovelo se abrem, ficam quase esticados e a mão direita, em gancho, aponta para (NE).

Chicote simples – Parte III

Na sequência, giramos a cintura para a esquerda e levantando o pé esquerdo do solo, damos um passo em ângulo com a perna esquerda para o canto traseiro esquerdo (SO). Em seguida, transferimos o peso e sentamos nesta perna. Neste momento, a mão esquerda (com a palma voltada para o corpo) sobe circularmente para frente dos olhos, avança até a linha do pé esquerdo (SO) e virando a palma para fora se posiciona na altura da cabeça. (Foto 84)

- A intenção e o sentido se direcionam para a palma esquerda.
- Os olhos acompanham a trajetória da palma esquerda.
- Ainda expirar.
- Ao dar o passo, o pé toca o solo primeiro pelo calcanhar.
- O cotovelo esquerdo permanece alinhado com o joelho esquerdo.
- O pé direito se acomoda ao movimento girando a ponta do pé (sobre o calcanhar) para dentro (45°).
- A cabeça e o tronco ficam alinhados e posicionados para (O).
- O braço direito, quase esticado e a mão direita em gancho permanecem na mesma posição (NE).

Foto 84

22. Serpente desce rastejando

Nosso adversário imaginário nos empurra. No mesmo momento, sentamos na perna de trás, nos agachamos e retornamos para frente, como uma mola, golpeando com a mão esquerda, abaixo da linha da cintura.

Serpente desce rastejando – Parte I

A partir da postura chicote simples e ainda sentados sobre a perna esquerda (da frente), giramos a cintura para a direita e a ponta do pé direito gira 45° para fora (N). Em seguida, transferimos o peso e sentamos na perna direita. No mesmo momento, a ponta do pé esquerdo gira 45° para dentro (N) e a mão esquerda desce para frente da virilha esquerda com a palma aberta para fora. O braço direito permanece paralelo ao solo. (Foto 85)

- A intenção e o sentido repousam no baixo ventre.
- Os olhos acompanham a mão esquerda.
- Inspirar.

Foto 85

Serpente desce rastejando – Parte II
Em seguida, o corpo todo desce e os dedos da mão esquerda acompanham a perna esquerda descendo até a ponta do pé. Neste momento, giramos a ponta do pé esquerdo para fora. (Foto 86)

- A intenção e o sentido se direcionam para as pontas dos dedos da mão esquerda.
- Os olhos acompanham a mão esquerda.
- Expirar.
- A cabeça não se curva e permanece reta com a coluna.
- O corpo deve estar relaxado e participar inteiramente do movimento circular (retroceder para direita, descer, e avançar).

Foto 86

23. Galo dourado em uma perna

23.1. Galo dourado em uma perna, direita

Imaginamos que nosso adversário tenta socar nosso rosto com o punho esquerdo. Neste momento, bloqueamos seu braço com a mão direita e contra-atacamos com o joelho direito.

Na sequência da postura anterior, transferimos o peso do corpo para a perna esquerda (da frente) e sentamos nesta perna. No mesmo momento, a mão direita, e o joelho direito se elevam. A mão direita permanece em frente ao rosto com a palma aberta para a esquerda e os dedos apontando para cima. O joelho direito permanece elevado na altura da cintura. A perna e o pé direito ficam soltos e pendem acima do solo. A mão esquerda executa um movimento de escovar para a esquerda e permanece na lateral esquerda da cintura. (Foto 87)

- A intenção e o sentido se direcionam para o joelho direito.
- Os olhos fitam o horizonte e a visão periférica acompanha o movimento.
- Ainda expirar.
- Ao elevar o joelho direito, o joelho esquerdo deve permanecer flexionado.
- Os ombros devem estar relaxados.
- A mão direita fica leve e vazia e o peso do braço incide sobre o cotovelo.
- A cabeça permanece reta e o peito plano ou levemente afundado.

Foto 87

23.2. Galo dourado em uma perna, esquerda

Imaginamos que nosso oponente tenta socar nosso rosto com o punho direito. Imediatamente, bloqueamos o golpe com a mão esquerda e contra-atacamos com o joelho esquerdo.

Galo dourado em uma perna, esquerda – Parte I
Na sequência da postura anterior, descemos a perna direita e damos um passo atrás pousando primeiro a ponta do pé direito no solo. Transferimos o peso e sentamos nesta perna. A mão direita, com a palma para baixo, desce para a lateral direita e permanece paralela ao solo, abaixo da cintura. (Foto 88)

Foto 88

- A intenção e o sentido repousam no baixo ventre.
- Os olhos fitam o horizonte e a visão periférica acompanha o movimento.
- Inspirar.

Galo dourado em uma perna, esquerda – Parte II

Em seguida, a mão esquerda e o joelho esquerdo se elevam. A mão esquerda com a palma voltada para a direita permanece em frente ao rosto com os dedos apontando para cima. O joelho esquerdo se posiciona logo abaixo do cotovelo esquerdo e a perna e o pé esquerdos pendem soltos acima do solo. A mão direita, com a palma aberta para o solo, se posiciona na lateral direita abaixo da cintura. (Foto 89)

- A intenção e o sentido se direcionam para o joelho esquerdo.
- Os olhos fitam o horizonte e a visão periférica acompanha o movimento.
- Expirar.
- Ao levantar o joelho esquerdo, o joelho direito deve permanecer flexionado.

Foto 89

24. Pé separado

24.1. Pé separado, direito

Nosso adversário imaginário tenta segurar nossos pulsos e nós nos esquivamos para a esquerda. Em seguida, tenta golpear com a esquerda e nós bloqueamos com mãos cruzadas, levantamos seu pulso esquerdo com a mão direita e contra-atacamos chutando com a ponta do pé direito.

Pé separado, direito – Parte I

Na sequência da postura anterior, colocamos o pé esquerdo no solo (pousando primeiro a ponta do pé), transferimos o peso para a perna esquerda e sentamos nesta perna. Neste momento, o calcanhar direito se eleva do chão e o pé direito fica apoiado somente pela ponta do pé. As mãos se direcionam para frente do peito.

Pé separado, direito – Parte II

Em seguida, a cintura gira para a esquerda e a palma esquerda desliza pelo lado interno do antebraço direito até o cotovelo e desce para trás executando a postura "Rolar para trás". Na sequência, a cintura e a mão esquerda retornam novamente para frente (O) e os pulsos ficam cruzados (direito à frente do esquerdo). As mãos com as palmas voltadass para o peito tomam a forma do símbolo da pomba da paz. (Fotos 90 - 91 e 92)

- A intenção e o sentido repousam no baixo ventre.
- Os olhos fitam o horizonte e a visão periférica acompanha o movimento.
- Inspirar.
- O corpo e a cabeça permanecem retos.
- Os ombros ficam relaxados e o peso dos braços incide sobre os cotovelos.
- Os braços e cotovelos formam arcos, não se dobram e ficam arredondados.
- Os ombros acompanham a cintura e o nariz permanece alinhado com o umbigo.

Foto 90

Foto 91

Foto 92

Pé separado, direito – Parte III

Em seguida, elevamos o pé direito do chão abrindo um pouco o peito do pé (o pé fica paralelo ao solo). Simultaneamente, os pulsos e as mãos sobem até a frente do rosto e virando-se para frente se separam. Os braços se abrem e as mãos descrevem meio circulo e descem até a linha dos ombros. A mão direita se posiciona na linha do pé direito (O) e a mão esquerda, com a palma aberta para frente, permanece na lateral esquerda do corpo. O cotovelo direito permanece alinhado com o joelho direito e os braços ficam abertos e arqueados. (Foto 93)

Foto 93

- A intenção e o sentido se dirigem para a ponta do pé direito.
- Os olhos fitam o horizonte e a visão periférica acompanha o movimento.
- Expirar.
- Os cotovelos nunca sobem acima da linha dos ombros.
- Ao chutar, o corpo não deve inclinar-se para trás e a cabeça deve permanecer reta.
- As mãos se movimentam leves e vazias e o peso dos braços incide sobre os cotovelos.
- Os ombros ficam relaxados e o peito permanece plano.

24.2. Pé separado, esquerdo

Nosso adversário imaginário avança tentando encaixar um soco no rosto. Neste momento, nos esquivamos para a direita, bloqueamos com as duas mãos, elevamos seu pulso direito com a mão esquerda e o contra-atacamos chutando com a ponta do pé esquerdo.

Pé separado, esquerdo – Parte I
Na sequência da postura anterior e ainda com o pé direito suspenso, damos um passo com o pé direito para o canto direito (NO) pousando primeiro o calcanhar. Em seguida, transferimos o peso para a perna direita e sentamos nesta perna. Neste momento o calcanhar esquerdo se eleva do chão e o pé esquerdo fica apoiado somente pela ponta do pé. As mãos se direcionam para frente do peito. (Foto 94)

Foto 94

Pé separado, esquerdo – Parte II

Em seguida, a cintura gira para a direita e a mão direita desliza pelo lado interno do antebraço esquerdo até o cotovelo e desce para trás executando a postura "Rolar para trás". Na sequência, a cintura e a mão retornam novamente para frente (O) e os pulsos ficam cruzados (esquerdo à frente do direito). As mãos com as palmas voltadas para o peito tomam a forma do símbolo da pomba da paz. (Fotos 95 - 96 e 97)

- A intenção e o sentido repousam no baixo ventre.
- Os olhos fitam o horizonte e a visão periférica acompanha o movimento.
- Inspirar.
- Os ombros acompanham a cintura e o nariz permanece alinhado com o umbigo.

Foto 95

Foto 96

Foto 97

Pé separado, esquerdo – Parte III

Em seguida, elevamos o pé esquerdo do chão abrindo um pouco o peito do pé (o pé fica paralelo ao solo). Simultaneamente, os pulsos e as mãos sobem até a frente do rosto e virando-se para frente se separam. Os braços se abrem e as mãos descrevem meio círculo e descem até a linha dos ombros. A mão esquerda se posiciona na linha do pé esquerdo (O) e a mão direita, com a palma aberta para frente, permanece na lateral direita do corpo. O cotovelo esquerdo permanece alinhado com o joelho esquerdo e os braços ficam abertos e arqueados. (Foto 98)

- A intenção e o sentido se dirigem para a ponta do pé esquerdo.
- Os olhos fitam o horizonte e a visão periférica acompanha o movimento.
- Expirar.
- Os cotovelos nunca sobem acima da linha dos ombros.
- O corpo, ao chutar, não deve inclinar-se para trás e a cabeça deve permanecer reta.
- As mãos se movimentam leves e vazias e o peso dos braços incide sobre os cotovelos.
- Os ombros ficam relaxados e o peito deve permanecer plano.

Foto 98

25. Girar 180°, chute com a sola do pé, esquerda

Nosso oponente imaginário nos ataca pelas costas e então giramos o corpo para trás. Em seguida, nos deparamos com um golpe de direita em direção ao nosso rosto. Neste momento, elevamos o pulso do adversário com a mão esquerda e contra-atacamos chutando com a sola do pé esquerdo.

Girar 180°

A partir da postura anterior (pé separado, esquerdo), retraímos o pé esquerdo, ainda suspenso, para a lateral do joelho direito. A coxa esquerda permanece suspensa e paralela ao solo. Em seguida, a mão esquerda vira a palma para o peito e o braço direito se abre em direção a lateral direita com a palma da mão direita aberta para frente (posição de dançar a valsa). Neste momento, giramos o corpo (em bloco) para a esquerda (L), 180°, apoiados unicamente sobre o calcanhar direito (o pé direito roda 165° da sua posição anterior). (Fotos 99 e 100)

Foto 99

Foto 100

- A intenção e o sentido repousam no baixo ventre.
- Os olhos fitam o horizonte e a visão periférica acompanha o movimento.
- Inspirar.
- Os dedos do pé direito ficam soltos acima do solo e o corpo gira sobre o calcanhar.
- O braço e a mão direita impulsionam o corpo para a esquerda.
- O joelho direito deve estar ligeiramente flexionado.

Chute com a sola do pé, esquerda – Parte I

Em seguida, os pulsos se cruzam à frente do peito (esquerdo protegendo o direito) e as mãos, com as palmas voltadas para o peito, tomam a forma da pomba da paz. (Foto 101)

Chute com a sola do pé, esquerda – Parte II

Na sequência, elevamos o pé esquerdo e damos um chute com o calcanhar esquerdo à frente (L). Simultaneamente, os pulsos e as mãos sobem até a frente do rosto e virando-se para frente se separam. Os braços se abrem e as mãos descrevem meio círculo e descem até a linha dos ombros. A mão esquerda se posiciona na linha do pé esquerdo (L) e a mão direita, com a palma aberta para frente, permanece na lateral direita do corpo. O cotovelo esquerdo permanece alinhado com o joelho esquerdo e os braços ficam abertos e arqueados. (Foto 102)

Foto 101

Foto 102

- A intenção e o sentido se dirigem para a sola do pé esquerdo.
- Os olhos fitam o horizonte e a visão periférica acompanha o movimento.
- Expirar.
- Os cotovelos nunca sobem acima da linha dos ombros.

- Ao descruzar as mãos, o cotovelo esquerdo se alinha com o joelho esquerdo.
- Ao chutar, o corpo não deve inclinar-se para trás e a cabeça deve permanecer reta.
- As mãos se movimentam leves e vazias e o peso dos braços deve incidir sobre os cotovelos.
- O peito deve permanecer plano ou levemente afundado.

26. Escovar o joelho e torcer o passo

26.1.Escovar o joelho e torcer o passo, esquerda.

Nosso adversário imaginário avança chutando com o pé direito. Nós bloqueamos com a mão esquerda e contra-atacamos com a palma direita.

Escovar o joelho, esquerda
Na sequência da postura anterior (sentados na perna direita), a mão direita vira a palma para baixo e permanece paralela ao solo ao lado direito da cabeça. A palma esquerda protege o púbis. Os braços não se dobram e permanecem arqueados. Em seguida, giramos a cintura para a esquerda, damos um passo à frente (L) com o pé esquerdo (pousando primeiro o calcanhar) e sentamos na perna esquerda. No mesmo momento, a mão esquerda com a palma aberta para o solo executa um movimento circular da direita para a esquerda passando pela frente da coxa esquerda sem tocá-la. A mão direita, com a palma para frente, avança até a linha do pé esquerdo e permanece na altura da cabeça. A mão esquerda, com a palma para baixo, se posiciona na lateral esquerda abaixo da cintura. (Fotos 103 e 104)

- A intenção e o sentido se direcionam para a mão direita.
- Os olhos acompanham a mão direita.
- Ainda expirar.
- O corpo não deve inclinar-se para frente e permanece atrás da linha do joelho.
- O nariz permanece sempre alinhado com o umbigo.

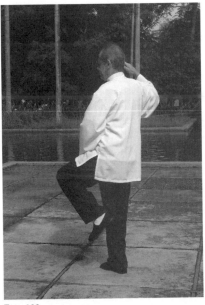

Foto 103

Foto 104

Torcer o passo

Em seguida, transferimos o peso para a perna direita (de trás) e sentamos nesta perna. No mesmo momento, giramos a ponta do pé esquerdo sobre o calcanhar para a esquerda 45°.

- A intenção e o sentido repousam no baixo ventre.
- Os olhos fitam o horizonte e a visão periférica acompanha o movimento.
- Inspirar.

26.2. Escovar o joelho e torcer o passo, direita.

Nosso oponente imaginário tenta encaixar um soco na virilha direita. Nós bloqueamos com a mão direita e contra-atacamos com a palma esquerda.

Escovar o joelho, direita – Parte I

Na sequência, transferimos o peso para a perna esquerda e sentamos nela. Em seguida, giramos a cintura para a esquerda descendo a mão esquerda circularmente para trás e subindo até a altura da orelha. A mão esquerda, com a palma para baixo, permanece paralela ao solo na lateral esquerda da cabeça. A mão direita protege o púbis. (Foto 105)

Escovar o joelho, direita – Parte II

Em seguida, giramos a cintura para a direita, damos um passo com o pé direito à frente (L), pousando primeiro o calcanhar e sentamos na perna direita. No mesmo momento, a mão direita, com a palma aberta para baixo, executa um movimento circular da esquerda para a direita passando pela frente da coxa direita sem tocá-la e permanece, com a palma aberta para o solo, na lateral direita abaixo da cintura. A mão esquerda avança até a linha do pé direito e permanece com a palma para frente, na altura da cabeça. (Foto 106)

Foto 105

Foto 106

- A intenção e o sentido se direcionam para a mão esquerda.
- Os olhos acompanham a mão esquerda.
- Expirar.
- O corpo não deve inclinar-se para frente e permanece atrás da linha do joelho.

Torcer o passo
Em seguida, sentados sobre a perna direita, transferimos o peso para a perna esquerda (de trás) e sentamos nesta perna. No mesmo momento, giramos a ponta do pé direito sobre o calcanhar para a direita 45°. (Foto 107)

- A intenção e o sentido repousam no baixo ventre.
- Os olhos fitam o horizonte e a visão periférica acompanha o movimento.
- Inspirar.

Foto 107

27. Avançar, plantar o punho e torcer o passo

Imaginamos que nosso inimigo avança chutando a virilha esquerda. Nós bloqueamos com a mão esquerda e contra-atacamos, socando com o punho direito abaixo da linha da cintura.

Avançar, plantar o punho e torcer o passo – Parte I
A partir da postura anterior, transferimos o peso e sentamos na perna direita. No mesmo momento, giramos a cintura para a direita e trazemos o punho para a lateral direita da cintura (os dedos do punho ficam virados para cima). A mão esquerda protege o púbis.

- O punho é relaxado e as juntas da mão permanecem abertas.
- Os ombros ficam relaxados e os cotovelos permanecem perpendiculares ao solo.

Avançar, plantar o punho e torcer o passo – Parte II

Na sequência, damos um passo com a perna esquerda à frente (L), transferimos o peso e sentamos nesta perna. Em seguida, a mão esquerda com a palma aberta para baixo executa um movimento circular da direita para a esquerda passando pela frente da coxa esquerda sem tocá-la. Neste momento, o corpo se dobra na linha da cintura e damos um soco com o punho direito à frente do joelho direito. Ao socar, o punho gira em si mesmo e os dedos da mão direita ficam posicionados para a lateral esquerda. A mão esquerda permanece com a palma para baixo, na lateral esquerda, abaixo da cintura. (Foto 108)

- A intenção e o sentido se dirigem para o punho direito.
- Os olhos acompanham o punho direito.
- Expirar.
- A cintura se dobra e a cabeça e as costas permanecem retas e não se curvam.
- Ao socar, o braço fica arqueado.
- O soco é leve como algodão e sem tensão alguma.

Foto 108

28. Agarrar a cauda do pássaro

28.1. Aparar à direita (L) *(Fotos 109 e 110)*

Foto 109

Foto 110

28.2. Rolar para trás (NO) *(Fotos 111 e 112)*

Foto 111

Foto 112

28.3. Pressionar (L) *(Fotos 113a e 113b)*

Foto 113a

Foto 113b

28.4. Recuar, empurrar (L) *(Fotos 114 e 115)*

Foto 114

Foto 115

29. Chicote simples (SO)

(Fotos 116 a 120)

Foto 116

Foto 117

Foto 118

Foto 119

Foto 120

30. Donzela trabalha na tecelagem (nos 4 cantos)

30.1. Donzela trabalha na tecelagem, esquerda (NE)

Nosso adversário imaginário avança pela esquerda e tenta encaixar um golpe de direita em nosso rosto. Imediatamente, bloqueamos com a mão esquerda e contra-atacamos com a palma direita.

Donzela trabalha na tecelagem, esquerda (NE) – Parte I

Sentados na perna da frente (esquerda), transferimos o peso para a perna de trás (direita) e giramos a cintura e a ponta do pé esquerdo para a direita (N). Simultaneamente ao movimento das pernas, a mão direita vira a palma para cima e fica inclinada na frente do peito. A mão esquerda com a palma para cima se posiciona em frente ao umbigo e abaixo do antebraço direito. (Fotos 120 e 121)

Donzela trabalha na tecelagem, esquerda (NE) – Parte II

Em seguida, transferimos o peso para a perna esquerda e giramos a cintura e a ponta do pé direito para (L). (Foto 122)

Foto 121

Foto 122

Donzela trabalha na tecelagem, esquerda (NE) – Parte III

Na sequência, transferimos o peso para a perna direita (da frente) e sentamos nela.

- A intenção e o sentido repousam no baixo ventre.
- Os olhos fitam o horizonte e a visão periférica acompanha o movimento.
- Inspirar.
- O corpo e a cabeça devem permanecer retos.
- O cotovelo direito permanece alinhado com o joelho direito.
- Os braços formam arcos e os cotovelos ficam arredondados e não se dobram.

Donzela trabalha na tecelagem, esquerda (NE) – Parte IV

Neste momento, damos um passo com a perna esquerda para o canto esquerdo (NE), pousando primeiro o calcanhar e sentamos nesta perna. Simultaneamente, a mão esquerda se afasta circularmente até a linha do pé esquerdo, sobe virando a palma para fora e permanece ligeiramente inclinada, na altura da testa. A mão direita, com os dedos para cima, faz um movimento de empurrar a palma para frente e se posiciona logo abaixo da mão esquerda, na altura do queixo. (Foto 123)

Foto 123

- A intenção e o sentido se direcionam para a mão direita.
- Os olhos acompanham as mãos.
- Expirar.
- O cotovelo esquerdo se alinha com o joelho esquerdo.
- O corpo não deve inclinar-se para frente.
- Os cotovelos permanecem abaixo da linha dos ombros.
- A cabeça permanece reta e gira junto com os ombros e a cintura.
- As mãos ficam leves como plumas e o peso dos braços incide sobre os cotovelos.
- O movimento deve ser integrado, ou seja, quando um membro se move, todo o corpo se movimenta.

30.2. Donzela trabalha na tecelagem, direita (NO)

Imaginamos que o adversário avança pelo canto traseiro e tenta encaixar um golpe de esquerda em nosso rosto. Imediatamente, bloqueamos com a mão direita e contra-atacamos com a palma esquerda.

Donzela trabalha na tecelagem, direita (NO) – Parte I
Em seguida, transferimos o peso para a perna direita e sentamos nesta perna. Simultaneamente ao movimento das pernas, os braços e mãos formam a postura "Segurar a bola á esquerda". (Foto 124)

Donzela trabalha na tecelagem, direita (NO) – Parte II
Na sequência, giramos a cintura para a direita e a ponta do pé esquerdo gira sobre o calcanhar trazendo o pé 90° para a direita (S). Em seguida, transferimos o peso para a perna esquerda e sentamos nesta perna. (Foto 125)

Foto 124

Foto 125

- A intenção e o sentido repousam no baixo ventre.
- Os olhos fitam o horizonte e a visão periférica acompanha o movimento.
- Inspirar.
- O corpo e a cabeça devem permanecer retos.

Donzela trabalha na tecelagem, direita (NO) – Parte III

Em seguida, damos um passo em ângulo com a perna direita para o canto traseiro direito (NO), pousando primeiro o calcanhar e sentamos nesta perna. Ao mesmo tempo, a mão direita se afasta circularmente até a linha do pé direito, sobe virando a palma para fora e permanece ligeiramente inclinada na altura da testa. O cotovelo direito, abaixo da linha do ombro, se alinha com o joelho direito. A mão esquerda, com os dedos para cima, faz um movimento de empurrar a palma para frente e se posiciona logo abaixo da mão direita, na altura do queixo. A ponta do pé esquerdo se acomoda ao movimento e gira para dentro 45° (O). (Foto 126)

- A intenção e o sentido se direcionam para a mão esquerda.
- Os olhos acompanham as mãos.
- Expirar.
- O corpo não deve inclinar-se para frente.
- Os cotovelos permanecem abaixo da linha dos ombros.
- A cabeça permanece reta e gira em bloco junto com os ombros e a cintura.
- As mãos ficam leves como plumas e o peso dos braços incide sobre os cotovelos.
- O movimento deve ser integrado, ou seja, quando um membro se move, todo o corpo se movimenta.

Foto 126

30.3. *Donzela trabalha na tecelagem, esquerda (SO)*

Nosso adversário imaginário avança pela esquerda e tenta encaixar um golpe de direita em nosso rosto. Imediatamente, bloqueamos com a mão esquerda e contra-atacamos com a palma direita.

Donzela trabalha na tecelagem, esquerda (SO) – Parte I
Na sequência, transferimos o peso para a perna esquerda (de trás), giramos a cintura para a esquerda trazendo o pé direito à frente do pé esquerdo (O). Simultaneamente ao movimento das pernas, a mão direita vira a palma para cima e fica inclinada na frente do peito. A mão esquerda, com a palma para cima, se posiciona em frente ao umbigo e abaixo do antebraço direito. O cotovelo direito permanece alinhado com o joelho direito. Os braços formam arcos e os cotovelos ficam arredondados e não se dobram. (Foto 127)

Foto 127

Donzela trabalha na tecelagem, esquerda (SO) – Parte II
Na sequência, transferimos o peso para a perna direita (da frente) e sentamos nela.

- A intenção e o sentido repousam no baixo ventre.
- Os olhos fitam o horizonte e a visão periférica acompanha o movimento.
- Inspirar.
- O corpo e a cabeça devem permanecer retos.

Donzela trabalha na tecelagem, esquerda (SO) – Parte III
Neste momento, damos um passo com a perna esquerda para o canto esquerdo (SO), pousando primeiro o calcanhar e sentamos nesta perna. Simultaneamente, a mão esquerda se afasta circularmente até a linha do pé esquerdo, sobe virando a palma para fora e permanece ligeiramente inclinada na altura da testa. A mão direita, com os dedos para cima, faz um movimento de empurrar

111

a palma para frente e se posiciona logo abaixo da mão esquerda, na altura do queixo. (Foto 128)

- A intenção e o sentido se direcionam para a mão direita.
- Os olhos acompanham as mãos.
- Expirar.
- O cotovelo esquerdo se alinha com o joelho esquerdo.
- O corpo não deve inclinar-se para frente.
- Os cotovelos permanecem abaixo da linha dos ombros.
- A cabeça permanece reta e gira em bloco junto com os ombros e a cintura.
- As mãos ficam leves como plumas e o peso dos braços incide sobre os cotovelos.
- O movimento deve ser integrado, ou seja, quando um membro se move, todo o corpo se movimenta.

Foto 128

30.4. Donzela trabalha na tecelagem, direita (SE)

Imaginamos que o adversário avança pelo canto traseiro e tenta encaixar um golpe de esquerda em nossa face. Imediatamente, bloqueamos com a mão direita e contra-atacamos com a palma esquerda.

Donzela trabalha na tecelagem, direita (SE) – Parte I
Ainda sentados na perna esquerda, transferimos o peso para a perna direita e sentamos nesta perna. Simultaneamente ao movimento das pernas, os braços e mãos formam a postura "Segurar a bola à esquerda". (Foto 129)

Donzela trabalha na tecelagem, direita (SE) – Parte II
Na sequência, giramos a cintura para a direita e a ponta do pé esquerdo gira sobre o calcanhar trazendo o pé 90° para a direita (N). Em seguida, transferimos o peso para a perna esquerda e sentamos nesta perna.

- A intenção e o sentido repousam no baixo ventre.
- Os olhos fitam o horizonte e a visão periférica acompanha o movimento.
- Inspirar.
- O corpo e a cabeça devem permanecer retos.

Foto 129

Donzela trabalha na tecelagem, direita (SE) – Parte III
Em seguida, damos um passo em ângulo com a perna direita para o canto traseiro direito (SE), pousando primeiro o calcanhar e sentamos nesta perna. Ao mesmo tempo, a mão direita se afasta circularmente até a linha do pé direito, sobe virando a palma para fora e permanece ligeiramente inclinada na altura da testa. O cotovelo

direito, abaixo da linha do ombro, se alinha com o joelho direito. A mão esquerda, com os dedos para cima, faz um movimento de empurrar a palma para frente e se posiciona logo abaixo da mão direita, na altura do queixo. A ponta do pé esquerdo se acomoda ao movimento e gira para dentro 45° (Leste). (Fotos 130 e 131)

- A intenção e o sentido se direcionam para a mão esquerda.
- Os olhos acompanham as mãos.
- Expirar.
- O corpo não deve inclinar-se para frente.
- Os cotovelos permanecem abaixo da linha dos ombros.
- A cabeça permanece reta e gira em bloco junto com os ombros e a cintura.
- As mãos ficam leves como plumas e o peso dos braços incide sobre os cotovelos.
- O movimento deve ser integrado, ou seja, quando um membro se move, todo o corpo se movimenta.

Foto 130

Foto 131

31. Agarrar a cauda do pássaro

31.1. Aparar à esquerda (N) *(Fotos 132 e 133)*

Foto 132   Foto 133

31.2. Aparar à direita (L) *(Fotos 134 e 135)*

Foto 134   Foto 135

31.3. Rolar para trás (NO) *(Fotos 136 e 137)*

Foto 136

Foto 137

31.4. Pressionar (L) *(Fotos 138a e 138b)*

Foto 138a

Foto 138b

31.5. Recuar, empurrar (L) *(Fotos 139 e 140)*

Foto 139   Foto 140

32. Chicote simples (SO)

(Fotos 141 a 145)

Foto 141

Foto 142

Foto 143

Foto 144

Foto 145

33. Serpente desce rastejando (SO)

(Fotos 146a e 146b)

Foto 146a

Foto 146b

34. Avançar e fixar sete estrelas

Nosso adversário imaginário é surpreendido com um golpe de punhos cruzados no peito.

A partir da postura serpente desce rastejando, endireitamos o pé esquerdo para frente girando a ponta do pé sobre o calcanhar. Em seguida, transferimos o peso para a perna esquerda e levantamos o corpo sobre esta perna. No mesmo momento, damos meio passo vazio à frente (O) com a perna direita, sobre a ponta do pé. Simultaneamente, as mãos tomam a forma de punhos e sobem para frente do queixo cruzando os pulsos na frente da garganta (pulso direito protegendo o esquerdo). (Foto 147)

Foto 147

- A intenção e o sentido se direcionam para os punhos.
- Os olhos acompanham os punhos.
- Expirar.
- Os braços formam arcos e ficam arredondados.
- A cabeça fica reta como que puxada por um fio e o corpo pende para baixo sob o efeito da gravidade.
- O cotovelo direito se alinha com o joelho direito.
- O peso do corpo deve incidir somente sobre a perna de trás (esquerda).
- O peito deve permanecer plano ou ligeiramente afundado.
- O corpo não deve inclinar-se para trás.

35. Recuar para montar o tigre

Nosso oponente imaginário tenta agarrar nossos pulsos e nós recuamos. Em seguida, tenta encaixar um chute na virilha esquerda. Nós bloqueamos com a mão esquerda e contra-atacamos com a palma direita.

Recuar para montar o tigre – Parte I
Ainda sentados na perna esquerda, giramos a cintura para a direita e damos um passo largo para trás, com a perna direita, tocando o solo

primeiro pela ponta do pé direito. Em seguida, transferimos o peso e sentamos nesta perna. Neste momento, os pulsos ainda cruzados descem e as mãos se abrem. (Foto 148)

- A intenção e o sentido repousam no baixo ventre.
- Os olhos fitam o horizonte e a visão periférica acompanha o movimento.
- Inspirar.
- O corpo e a cabeça devem permanecer retos e os ombros relaxados.

Foto 148

Recuar para montar o tigre – Parte II

Na sequência, giramos a cintura para a esquerda e o pé esquerdo recua meio passo vazio e fica apoiado pela ponta do pé. No mesmo momento, a mão esquerda, com a palma para baixo, executa uma trajetória circular da direita para a esquerda passando acima da coxa esquerda sem tocá-la (escovar o joelho) e se posiciona, aberta para o solo, na lateral esquerda abaixo da cintura. A mão direita, com a palma aberta, desce para trás e descreve um círculo subindo para frente até a lateral direita da cabeça (semelhante ao nado borboleta). (Foto 149)

Foto 149

- A intenção e o sentido se direcionam para a mão direita.
- Os olhos fitam a mão direita.
- Expirar.
- As mãos se movimentam leves e vazias e o peso dos braços incide sobre os cotovelos.
- Os braços ficam arqueados e os cotovelos pendem para baixo.
- O cotovelo direito permanece abaixo da linha do ombro.
- O corpo não deve inclinar-se.

36. Girar 360° e chutar em lótus

Dois adversários imaginários se apresentam atacando pela frente e por trás. Neste momento, giramos para trás e bloqueamos o ataque com a mão esquerda. Em seguida, retornamos para frente, agarramos o antebraço do oponente com as mãos e golpeamos seu flanco direito com a lateral do pé direito.

Girar 360°

Na sequência da postura anterior, giramos a cintura para a esquerda. No mesmo momento, o braço esquerdo se abre para a lateral esquerda, abaixo da linha do ombro e a mão direita permanece em frente ao peito com a palma voltada para o corpo (posição de dançar a valsa). Em seguida, elevamos o pé esquerdo do chão e apoiados sobre a ponta do pé direito, giramos 360° para a direita (O). O braço e a perna esquerda impulsionam juntos para a direita. Ao completar o giro, o pé esquerdo deve apontar 45° para fora (SO). (Fotos 150 - 151 e 152)

Foto 150

Foto 151

Foto 152

- A intenção e o sentido repousam no baixo ventre.
- Os olhos fitam o horizonte e a visão periférica acompanha o movimento.
- Inspirar.
- Ao girarmos, o calcanhar direito deve permanecer estável.
- O corpo e a cabeça devem permanecer retos durante o giro, a cintura solta e o joelho flexionado.

Chutar em Lótus
Na sequência, sentados na perna de trás (esquerda) estendemos os braços na altura dos ombros. As mãos, com as palmas para baixo, ficam equiparadas lado a lado adiante do peito. Em seguida, a cintura gira para a esquerda e o pé direito se eleva apontando para o canto esquerdo. Neste momento, a cintura gira para a direita e o pé direito chuta em arco, da esquerda para a direita. A ponta do pé direito passa raspando por baixo dos dedos das mãos. (Fotos 152 - 153 e 154)

Foto 153   Foto 154

- A intenção e o sentido se direcionam para a ponta do pé direito.
- Os olhos fitam o horizonte e a visão periférica acompanha o movimento.
- Expirar.
- Depois do giro 360°, devemos sentar na perna esquerda (o joelho esquerdo flexiona até a linha da ponta do pé).
- O corpo e a cabeça permanecem retos e centrados.
- Os ombros devem estar relaxados e os braços arqueados.
- Ao chutar, não devemos permitir que o pé se eleve acima dos ombros ou que o joelho se abra esticando as pernas.
- A cabeça acompanha o movimento da cintura e o nariz permanece alinhado com o umbigo.
- Devemos sempre respeitar nossas limitações e não tentar forçar o encontro das mãos com a ponta do pé. Este procedimento, assim como os demais, devem ser executados de forma natural e relaxadamente.

37. Atirar no tigre com o arco curvo

Em seguida, esquivamos o corpo para a direita e ressurgimos contra-atacando com um duplo soco.

Atirar no tigre com o arco curvo – Parte I
Na sequência da postura anterior, recuamos o pé direito, ainda suspenso, para a lateral da perna esquerda. As mãos permanecem, com as palmas para baixo, em frente ao peito. Os braços ficam arqueados e os cotovelos arredondados. (Foto 155)

Atirar no tigre com o arco curvo – Parte II
Em seguida, giramos a cintura para a direita (NO), damos um passo com a perna direita pousando primeiro o calcanhar e sentamos nesta perna. Neste momento, as mãos tomam a forma de punhos e acompanham o movimento da cintura. O punho esquerdo se posiciona em frente ao umbigo e o punho direito permanece na lateral direita da cintura. (Foto 156)

Foto 155

Foto 156

- A intenção e o sentido repousam no baixo ventre.
- A visão periférica acompanha o movimento.
- Inspirar.
- O corpo e a cabeça devem permanecer retos ao sentarmos na perna da frente (direita).
- Os punhos são relaxados e as juntas abertas.

Atirar no tigre com o arco curvo – Parte III

Na sequência, movemos a cintura da direita para a esquerda (O) e as mãos em forma de punhos se dirigem circularmente para a esquerda (SO). O punho direito sobe circularmente até a altura da orelha e permanece em frente à face direita do rosto e o punho esquerdo avança e se posiciona na frente da lateral esquerda do peito. Os olhos dos punhos ficam alinhados entre si. (Foto 157)

Foto 157

- A intenção e o sentido se direcionam para os punhos.
- Os olhos fitam os punhos.
- Expirar.
- O cotovelo direito permanece abaixo da linha do ombro e se alinha com o joelho direito.

- O cotovelo esquerdo fica alinhado com a ponta do pé esquerdo.
- O peso do corpo permanece sobre a perna direita (à frente).
- O corpo e a cabeça permanecem retos e não se inclinam.
- O nariz fica alinhado com o umbigo e ambos ficam direcionados para a esquerda.
- Os punhos apontam para o canto esquerdo (SO).
- Os braços e os cotovelos formam arcos e os cotovelos ficam arredondados.

Na sequência, trazemos o pé esquerdo a meio passo atrás do pé direito, transferimos o peso para a perna esquerda e sentamos nesta perna. (Foto 158)

Foto 158

38. Dar o passo, desviar e socar (O)

(Fotos 159 - 160 e 161)

Foto 159

Foto 160

Foto 161

39. Aparente encerramento (O)

(Fotos 162 - 163 e 164)

Foto 162

Foto 163

Foto 164

40. Mãos cruzadas (N)

(Fotos 165 e 166)

Foto 165

Foto 166

41. Encerramento (N)

A mente fica serena e vazia.

Na sequência da postura mãos cruzadas, os joelhos se abrem permanecendo levemente flexionados e o corpo sobe. Em seguida, os pulsos se descruzam e os antebraços e mãos descem para as laterais formando duas rampas paralelas e levemente inclinadas, exatamente como no início. Em seguida, esperamos alguns minutos em pé até que as pulsações do corpo voltem ao estado inicial de repouso. (Foto 167)

• A intenção e o sentido repousam no baixo ventre.
• Os olhos fitam o horizonte.
• A respiração é suave, calma, longa, fina e profunda.

- A cabeça fica reta como que pendurada por um fio e o corpo pende para baixo sob o efeito da gravidade.
- A língua pressiona suavemente o palato superior.
- Os ombros ficam relaxados.
- Os cotovelos pendem para baixo e ficam perpendiculares ao solo.

Foto 167

Vídeo no Youtube

Uma demonstração desta sequência pode ser vista no Youtube acessando "walsasso" ou através de um dos links abaixo:
http://taichicote.atspace.com/video.htm
http://www.taichicote.8k.com/video.htm

Empurrar com as mãos (Tui Shou)

Este treinamento é feito a dois e deve ser praticado somente depois de bem aprendidas as posturas e aperfeiçoada a execução da forma solo (sequência de movimentos).

Técnica de uma só mão em postura fixa:

Objetivo: aprender a aderir, ouvir e interpretar a força do adversário, ceder e neutralizar o ataque.

Os supostos adversários 'A' e 'B' se colocam frente a frente na postura "Aparar a direita" e os pés (o direito, por exemplo) são posicionados emparelhados (lado a lado) pelas laterais internas. Os pulsos (o direito, por exemplo) se tocam e permanecem colados.

- 'A' ataca 'B' sentando na perna da frente e movendo seu pulso direito e o centro de seu corpo em direção ao centro de 'B'.
- 'B' cede ao ataque sentando na perna de trás.
- Em seguida, 'B' gira sua cintura para a direita e desvia a força do oponente.
- Na sequência, 'B' toma a posição de atacante sentando na perna da frente e movendo seu pulso direito e o centro de seu corpo em direção ao centro de 'A'.
- 'A' cede ao ataque sentando na perna de trás.
- Em seguida, 'A' gira sua cintura para a direita e desvia a força do oponente circularmente.
- O movimento é cíclico e oval.

Regras básicas:

- Aderir: nunca perder o contato físico com o oponente (os pulsos permanecem colados).
- Alinhar o centro: ao atacar, posicione o umbigo em direção ao oponente.

- Ceder: permitir que o adversário exerça uma pequena força sobre nós (isto é chamado controlar a força do oponente).
- Neutralizar: ceder e desviar a direção da força do adversário (ao sermos atacados, nosso oponente perde a estabilidade e torna-se vulnerável).
- Ouvir o adversário: desenvolver a sensibilidade e intuição para detectar a intenção, estabilidade e movimento do oponente.

Quando um oponente avança empurrando o braço e sentando na perna da frente, o outro gira a cintura e recua, sentando na perna de trás. Os pulsos permanecem em contato e são movidos sem o emprego de força bruta. Cada oponente procura permanecer colado ao seu adversário e focaliza nele todo seu sentido e atenção. O movimento é previsto numa fração de segundos e imediatamente neutralizado. Para ganhar é preciso perder, ou seja, ceder ao ataque (deixar-se levar pelo oponente). Ao encontrar o vazio, o oponente se desestabiliza, sua base fica vulnerável e pode ser derrubado. A água é mole e sempre cede, mas a tudo vence. Ela apaga o fogo, fura a pedra e enferruja o ferro. Esta prática desenvolve a concentração, atenção, percepção, sensibilidade, intuição, autocontrole e a capacidade de relaxar-se nos momentos de tensão.

Dicas e informações sobre o Tai Chi Chuan:

Origens do Tai Chi

A origem do Tai Chi Chuan foi na China antiga e é mesclada de lendas. Alguns dizem que foi criado por Zhang Sanfeng na dinastia song (961 – 1279) e outros acreditam que ele foi criado por Han gongyue e Cheng Linghi na dinastia Liang (502 – 557). Ainda outros acham que foi criado por Xuanping ou Li Daozi da dinastia Tang (618 – 907). Até o momento não há registros históricos autênticos que comprovem tais afirmações. O que se sabe é que a família Chen foi a primeira a cultivar esta arte em Wenxian na província de Henan e por isso o estilo Chen é considerado o primeiro estilo. Mestre Chen praticava e ensinava o Tai Chi até o dia em que um de seus serventes chamado Yang Lu Chan aprendeu a técnica observando ocultamente os treinos de seus patrões. Um dia revelou seu aprendizado e devido a sua habilidade e persistência em aprender, Mestre Chen tornou-o seu discípulo. Através do mestre Yang e de sua família é que o Tai Chi Chuan ficou conhecido no mundo e no Ocidente. Yang Lu Chan teve um discípulo na guarda real chamado Wu Quan Yu que foi o criador do estilo Wu. Assim, a partir destas três raízes, Chen, Yang e Wu a árvore chamada Tai Chi Chuan cresceu e ramificou-se pelo mundo. Outros estilos também brotaram como o Sun, Wu Hao, Wudang, Cheng Man Ching, Pai Lin no Brasil e outros.

A lenda de Chang San Feng

Diz a lenda que Chang San Feng foi o criador do Tai Chi Chuan. Ele viajava para as montanhas de Wutang em Hupei e gostava de discutir filosofia com o povo local. Um dia ele estava recitando os Clássicos com as portas fechadas e escutou o som estridente de um pássaro que vinha do lado de fora. O pássaro subia em um galho, descia batendo as asas abertas e atacava uma cobra enrolada no chão. A cobra fitava o pássaro e os dois começavam a lutar. A cobra se enrolava no chão e se lançava cada vez mais alto, na tentativa de se livrar das asas que o pássaro não cessava de bater. O pássaro pousou num alto galho e dali observava a cobra frustrado e desconcertado. Novamente ele descia batendo suas asas abertas e novamente a cobra se enrolava como um carretel e o atacava cada vez mais alto. Isto durou um longo tempo e sem haver um golpe decisivo de nenhuma das partes. Foi de observar a cobra se enrolando que San Feng teve o "insight" do Tai Chi. A forma enrolada da cobra tem o princípio do fraco vencendo o forte, da transformação da inércia em movimento e do contrair e expandir.

A base da cultura chinesa

A Medicina Chinesa, Acupuntura, Artes marciais e Terapias chinesas em geral são fundamentadas nos conceitos do "Yin e Yang" e dos "Cinco Elementos". A teoria do Yin-Yang sustenta que tudo que existe no universo conserva dois aspectos opostos que se opõe e se interdependem. Por exemplo, Frio-Calor, Terra-Céu, Feminino-Masculino, Doce-Salgado, Subir-Descer, Retrair-Avançar, Expandir-Contrair, etc. Os cinco elementos são: Água, Madeira, Fogo, Terra e Metal. Estes são considerados como cinco propriedades inerentes a todas as coisas e constituem o mundo material. Determinam o estado de troca e movimento na relação de geração e destruição ou dominância e contradominância. O movimento do Tai Chi Chuan foi idealizado e balanceado com base nestes princípios.

Os Estilos de Tai Chi Chuan

Chen: Considerado a raiz principal da arte é caracterizado pelos movimentos rápidos e lentos, saltos e explosões de energia.

Yang tradicional: Os movimentos são lentos e constantes, focados na saúde do praticante. A altura das posturas também é sempre mantida.

Yang antigo: Lento com explosões de energia e altura alternada de movimentos.

Wu: Combinação dos estilos Yang e Chen, composto de movimentos lentos e uma aparente inclinação.

Wudang: Criado por Cheng Wan Ting em Hong Kong à partir do estilo Wu.

Sun: Combinação do estilo Wu com outras artes marciais, como o Ba-Qua.

Wu Hao: Movimentos lentos e constantes com alteração na altura das posturas.

Cheng Man Ching: É o estilo simplificado para a vida moderna e foi inspirado à partir do estilo Yang.

Pai Lin: Este foi o Tai Chi Chuan introduzido no Brasil por Liu Pai Lin. Os movimentos são semelhantes aos estilos Yang e Wu, lentos e constantes.

Quando praticar

O melhor horário para praticar Tai Chi é na primeira parte da manhã e última parte da tarde, quando a energia está em alta na terra. É altamente recomendável a prática da forma no mínimo duas vezes ao dia. Alguns mestres praticavam ao acordar e também antes de deitar. Não é aconselhável praticar após as refeições (quando o corpo está em atividade de digestão). O diafragma trabalha melhor sem o volume do alimento. Segundo os mestres, para o homem, não é aconselhável após o sexo quando ocorreu a ejaculação.

Após praticar o Tai Chi

Ao terminar a sequência, é bom permanecer alguns minutos em pé sentindo o efeito do Tai Chi e aguardar a pulsação voltar ao estado de repouso. Evite sentar-se logo em seguida e também tomar banho frio ou beber água gelada. Após a prática é comum os alunos trocarem experiências e conversarem sobre o que sentiram durante a execução dos movimentos. As experiências variam conforme o desenvolvimento da percepção, sensibilidade e da técnica na execução. Normalmente sentimos calor pelo corpo, outros sentem ondas que oscilam ou sentem as mãos formigarem. Outros ficam com as mãos quentes e avermelhadas ou sentem um doce salivar durante o movimento. Outros se sentem leves ou se emocionam com a graciosidade da forma. Enfim, cada pessoa é um ser único. O importante é ressaltar que todas as fases de treinamento são executadas conscientemente no aqui e agora e são recompensadas com saúde, equilíbrio e bem-estar.

As Roupas e calçados adequados

As roupas devem ser folgadas no corpo e de preferência de algodão ou outro material que facilite a respiração da pele. Os calçados devem ser baixos e flexíveis com a cobertura de lona ou outro material que ofereça melhor ventilação. É muito importante observarmos a combinação do solo com o tipo de sola antes de rodopiarmos ou girarmos. Se houver agarramento da sola ao girar ou rodopiar, o joelho pode sofrer danos. Uma sola deslizante seria ideal.

Blog: Críticas, elogios e discussão sobre "Tsuru Li - Tai Chi Chuan"

http://tsurulivro.blogspot.com

Sobre o autor:

Walter Sasso nasceu em 1951 na capital de São Paulo e reside na zona sul desta cidade onde é instrutor de Nei Gong e Tai Chi Chuan estilo Cheng Man Ching.

Email:
sasso.walter@gmail.com

Links relacionados ao autor:

Website "Taichicote":
http://taichicote.atspace.com
http://www.taichicote.8k.com

Comunidade Tai Chi Chuan PORTAL no orkut:
http://www.orkut.com.br/Main#Community.aspx? cmm=39296215

Blog Reflexões:
http://www.lapsoevirgula.blogspot.com

Livros sobre Tai Chi Chuan

Bibliografia

• Cherng, Wu Jyh - *Tai Chi Chuan: A Alquimia do Movimento* - Rio de Janeiro, Mauad, 1998.

• Chia, Mantak, LI, Juan - *A Estrutura Interior do Tai Chi* - São Paulo, Pensamento, 2001.

• Chuen, Lam Kam - *Tai Chi Passo a Passo* - São Paulo, Manole, 1999.

• Crompton, Paul - *O Livro Básico do Tai Chi* - São Paulo, Pensamento, 1994.

• Despeux, Catherine - *Tai-Chi Chuan* - Arte marcial, técnica da longa vida - São Paulo, Pensamento, 1994.

• Lee, Martin e Emily. JOHNSTONE, JoAn - *T'ai Chi Ch'uan para a Saúde* - São Paulo, Pensamento, 1992.

• LIAO, Waysun - *Clássicos do Tai Chi* - São Paulo, Pensamento, 1996.

• Kit, Wong Kiew - *Livro Completo do Tai Chi Chuan* - São Paulo, Pensamento, 1990.

Livros em Inglês:

• Cheng M. Ching , Benjamin P.J.Lo , Martin Inn - *Cheng-Tzu's Thirteen Treatises on Tai Chi Chuan* - North Atlantic books, 1985.

• Yang Chenfu, Louis Swain - *The essence and Applications of Taijiquan* - North Atlantic Books, 2005.

- Cheng Man Ching, Mark Hennessy - *Master Cheng's New method of T'ai Chi self cultivation* - North Atlantic Books, 1999.

- Fu Zhongwen , Louis Swaim - *Mastering Yang Style Taijiquan* - Blue Snake Books, 2006.

- Douglas Wile - *T'ai-Chi Touchstones: Yang family Secret Transmissions* - SweetCh'i Press,1983.

- Dan Miller, Tim Cartmell - *Xing Yi Nei Gong - Xing Yi Health Maintenance and internal Strength Development* - Unique Publications, 1999.